STARK

KLASSENARBEITEN

Mathematik 10. Klasse

Hense · Reinecke

STARK

Bildnachweis:
Umschlagbild: © MEMEME. Shutterstock
Seite 1:   Brunnen: © Can Stock Photo Inc./interlight
Seite 23: Tafel: © Can Stock Photo Inc./andreykuzmin
Seite 33: Bild: Norbert Aepli, Switzerland – http://commons.wikimedia.org/wiki/
           File:Zentrum_Paul_Klee_Bern_15.JPG. This file is licensed under the Creative Commons
Seite 56: schlafendes Mädchen: © Franz Pfuegl – Fotolia.com
Seite 65: Bäume: © Can Stock Photo Inc./focalpoint
Seite 74: Mädchen: © Jenn Huls. Shutterstock
Seite 91: Straße: © iofoto/Ron Chapple Stock – Polylooks
Seite 141: Koordinatensystem: © rendeeplumia/123RF Stock Photo
Seite 173: Glücksrad: © Baris Simsek/iStockphoto

© 2017 Stark Verlag GmbH
www.stark-verlag.de
1. Auflage 2015

Das Werk und alle seine Bestandteile sind urheberrechtlich geschützt. Jede vollständige oder teilweise Vervielfältigung, Verbreitung und Veröffentlichung bedarf der ausdrücklichen Genehmigung des Verlages. Dies gilt insbesondere für Vervielfältigungen, Mikroverfilmungen sowie die Speicherung und Verarbeitung in elektronischen Systemen.

Inhalt

Vorwort

Klassenarbeiten zum Themenbereich 1:
Lineare Funktionen; Quadratische Funktionen; Gleichungen lösen 1

Klassenarbeit 1 2
Zuordnung von Schaubild und Funktionsgleichung; Aufstellen von Funktionsgleichungen; Zeichnen von Schaubildern; Bestimmung von Nullstellen

Klassenarbeit 2 12
Aufstellen von Funktionsgleichungen; Scheitelpunktform; Normalform; Auswirkung auf den Funktionsterm beim Verschieben der Parabel; Lösen quadratischer Gleichungen; Zuordnung von Schaubild und Funktionsgleichung

Klassenarbeit 3 23
Lösen quadratischer Gleichungen; Bestimmung von Funktionsgleichungen; Linearfaktorzerlegung; Bestimmung von Wurfhöhe und Wurfweite

Klassenarbeiten zum Themenbereich 2:
Weitere Funktionstypen: Potenzfunktionen, Wurzelfunktionen, Trigonometrische Funktionen 33

Klassenarbeit 4 34
Anwendung der Potenzgesetze; Zuordnung von Schaubild und Funktionsgleichung; Funktionsgleichungen mit einem Parameter; Eigenschaften der Potenzfunktion; Lösen von Potenzgleichungen

Klassenarbeit 5 43
Eigenschaften der Wurzelfunktion; Anwendung der Wurzel- und der Potenzgesetze; Anwendung Fadenpendel

Klassenarbeit 6 54
Berechnungen am rechtwinkligen Dreieck; Zuordnung von Schaubild und Funktionsgleichung; trigonometrische Funktion mit Parameter

Klassenarbeiten zum Themenbereich 3:
Exponentielles Wachstum; Logarithmen 65

Klassenarbeit 7 66
Zuordnung von Funktionsgleichung und Schaubild; Bestimmung von Funktionsgleichungen; Untersuchung auf exponentielles Wachstum; Funktion mit Parameter

Klassenarbeit 8 74
    Lösen von Exponentialgleichungen; Anwendung der Logarithmengesetze; Beweis eines Logarithmengesetzes; exponentielles Wachstum und exponentielle Abnahme

Klassenarbeit 9 82
    Logarithmusfunktion; Anwendung der Logarithmengesetze; Zuordnung von Funktionsgleichung und Schaubild; Lösen von Exponentialgleichungen

Klassenarbeiten zum Themenbereich 4:
Untersuchung ganzrationaler Funktionen; Ableitungsbegriff; Grenzwerte 91

Klassenarbeit 10 92
    Nullstellen ganzrationaler Funktionen; Symmetriebetrachtungen; Unendlichkeitsbetrachtungen; Bestimmung von Sekantensteigungen

Klassenarbeit 11 103
    Differenzenquotient; durchschnittliche Änderungsrate; momentane Änderungsrate; Ableitung mit der h-Methode; Bestimmung von Ableitungsfunktionen

Klassenarbeit 12 112
    Zuordnung von Funktion und Ableitungsfunktion; Rückschlüsse auf Ausgangsfunktion ziehen; Extrempunkte; notwendige und hinreichende Bedingung; Kurvendiskussion

Klassenarbeit 13 122
    Funktionsuntersuchung; Bestimmung von Tangentengleichungen; Bestimmung von Nullstellen auch durch Polynomdivision

Klassenarbeit 14 131
    Steckbriefaufgabe zu gegebenen Schaubildern; Aufstellen und Lösen von linearen Gleichungssystemen; Extremwertaufgabe; kürzester Abstand; Einfluss von Parametern in einer Funktionsgleichung; maximaler Flächeninhalt und Umfang eines Rechtecks unter dem Graphen einer Funktion

Klassenarbeiten zum Themenbereich 5:
Koordinatengeometrie; Kreis, Kreistangente; Strahlensatz 141

Klassenarbeit 15 142
    Bestimmung fehlender Koordinaten; Aufstellen von Kreisgleichungen; Lagebeziehung von Kreisen; Bestimmung von Tangentengleichungen; Beschreibung von Punktmengen

Klassenarbeit 16 152
    Strahlensätze; zentrische Streckung; Berechnungen im beliebigen und im rechtwinkligen Dreieck; trigonometrische Beziehungen im rechtwinkligen Dreieck

Klassenarbeit 17 161
    Linearkombination von Vektoren; Zeichnen von Körpern im kartesischen Koordinatensystem; Aufstellen von Vektoren; Längen von Vektoren; Mittelpunkt von Strecken; Körperberechnung mit Vektoren

Klassenarbeiten zum Themenbereich 6:
Mehrstufige Zufallsexperimente; Bedingte Wahrscheinlichkeit;
Vierfeldertafel 173

Klassenarbeit 18 174
    relative Häufigkcit; Berechnung von Wahrscheinlichkeiten; bedingte Wahrscheinlichkeit; Vierfeldertafel

Klassenarbeit 19 180
    Baumdiagramme; Pfadregeln; mehrstufige Zufallsexperimente; Umfrageauswertung als bedingte Wahrscheinlichkeit

Autoren: Sebastian Hense, Peter Reinecke

Vorwort

Liebe Schülerin, lieber Schüler,

dieses Buch bereitet dich auf die Klassenarbeiten, die im Laufe der Jahrgangsstufe 10 von dir geschrieben werden, vor.
Die Inhalte des Mathematikunterrichts sind in der folgenden Tabelle aufgeführt:

Themenbereich 1	**Funktionen:** • Lineare Funktionen • Quadratische Funktionen **Arithmetik/Algebra:** • Gleichungen lösen
Themenbereich 2	**Funktionen:** • Potenzfunktionen • Wurzelfunktionen • Trigonometrische Funktionen
Themenbereich 3	**Funktionen:** • Exponentielles Wachstum **Arithmetik/Algebra:** • Logarithmen
Themenbereich 4	**Differenzialrechnung und Funktionsuntersuchung:** • Untersuchung ganzrationaler Funktionen • Ableitungsbegriff • Grenzwerte
Themenbereich 5	**Geometrie:** • Koordinatengeometrie • Kreis, Kreistangente • Strahlensatz
Themenbereich 6	**Stochastik:** • Mehrstufige Zufallsexperimente • Bedingte Wahrscheinlichkeit • Vierfeldertafel

Zu den sechs Themenbereichen findest du jeweils mehrere beispielhafte Klassenarbeiten.

- Zu allen Aufgaben gibt es **ausführliche und kommentierte Lösungen**. Einige dieser Aufgaben wurden zum Teil mit einem **GTR** gelöst. Ein **CAS** kann in ähnlicher Weise eingesetzt werden. Wer möchte, kann sich aber auch stets handschriftlich an den Lösungen versuchen.
- Kommst du bei einer Aufgabe einmal nicht weiter oder fällt dir der Einstieg in eine Aufgabe schwer, helfen dir **Hinweise und Tipps**, den richtigen Ansatz zu finden. Diese kannst du jeweils zwischen Angabe und Lösung nachschlagen.
- Die Aufgaben sind in drei **Schwierigkeitsstufen** gegliedert:

    🧠   einfach
    🧠🧠   mittel
    🧠🧠🧠   schwer

- Unter jeder Aufgabenstellung steht die **Gesamtzeit**, auf die eine Klassenarbeit angesetzt ist. Dort kannst du auch eintragen, wie lange du für das eigenständige Lösen einer Arbeit insgesamt gebraucht hast. Stoppe die Zeit, vergleiche die Werte und schätze dich damit selbst ein.
- In der Lösung findest du darüber hinaus **Zeitangaben** für jede Einzelaufgabe. Somit weißt du, wie die Gesamtzeit auf die Aufgaben einer Arbeit verteilt ist. Dann siehst du, wo du noch schneller werden musst oder ob du bereits mit der gegebenen Zeit gut auskommst.
- Bei jeder Klassenarbeit ist ein individueller **Bewertungsschlüssel** angegeben, mit dem du deine von dir erreichten Bewertungseinheiten (BE) einer **Note** zuordnen kannst. So kannst du gut erkennen, in welchen Bereichen du noch gezielt üben musst.

Wenn du gewissenhaft mit diesem Buch arbeitest, kannst du deinen aktuellen Leistungsstand rasch realistisch einschätzen.

Wir wünschen dir viel Erfolg bei der Vorbereitung auf deine Klassenarbeiten.

Sebastian Hense

Peter Reinecke

Klassenarbeiten zum Themenbereich 1
- **Lineare Funktionen**
- **Quadratische Funktionen**
- **Gleichungen lösen**

Klassenarbeit 1

BE

1 Ordne den dargestellten Graphen die passenden Funktionsgleichungen zu und begründe jeweils die von dir gewählte Zuordnung ohne GTR.

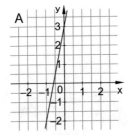
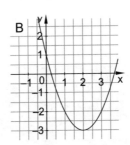
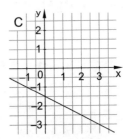
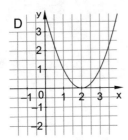
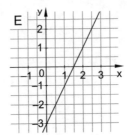
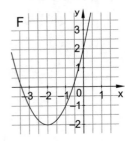

$f(x) = (x-2)^2$ $g(x) = 2x - 3$ $h(x) = (x-2)^2 - 3$

$i(x) = 5x + 3$ $j(x) = -0,5x - 1,5$ $k(x) = x^2 + 4x + 2$ 9

2 Gegeben sind die Punkte A(−2|−12) und B(8|18).
   a) Berechne die Funktionsgleichung der Geraden g, die durch die Punkte A und B verläuft. 4
   b) Berechne den Mittelpunkt M der Strecke $\overline{AB}$. 2
   c) Die Gerade h verläuft orthogonal zur Geraden g und durch den Mittelpunkt M.
      Berechne die Funktionsgleichung der Geraden h. 4
   d) Die Gerade g, die Gerade h und die x-Achse schließen eine dreieckige Fläche ein.
      Fertige mit dem GTR eine passende Skizze an und übertrage sie in das abgebildete Koordinatensystem.

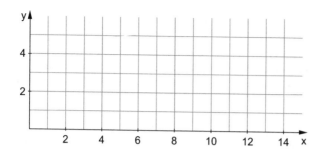

e) Ermittle den Flächeninhalt des Dreiecks.
Lies dazu die benötigten Punkte ab (1 Längeneinheit ≙ 1 cm) und erläutere dabei dein Vorgehen.

3 Die Funktionsgleichung der Geraden h lautet h(x) = x + 2. Von einer anderen Geraden g sind nur 2 Tabelleneinträge bekannt.

a) Fülle die Tabelle aus.

x	−3	−2	−1	0	1	2	3	4
g(x)			−1			5		
h(x)								

b) Zeichne die beiden Geraden in ein geeignetes Koordinatensystem.

c) Bestimme die Steigungswinkel der Geraden g und h.
Zeichne diese in deine Abbildung aus Teilaufgabe 3 b mit ein.
Berechne auch den Schnittwinkel und den Schnittpunkt der beiden Geraden.

d) Eine Gerade i verläuft durch den Schnittpunkt von g und h, sodass die Gerade g den Winkel zwischen h und i halbiert.
Ergänze die Gerade i in deiner Abbildung aus Teilaufgabe 3 b.

e) Bestimme den Steigungswinkel der Geraden i und berechne mit dem GTR die Nullstelle der Geraden i.

4 Gegeben ist die quadratische Funktion f mit $f(x) = x^2 + 2$.

a) Begründe zeichnerisch und rechnerisch, dass die Funktion keine Nullstellen besitzt.

b) Beschreibe unter Zuhilfenahme des GTRs die Lage der Graphen von f und g mit $g(x) = 2x + 1$ zueinander.

c) Nun soll die Gerade g auf der y-Achse verschoben werden.
   Es gilt: $g(x) = 2x + b$ ($b \in \mathbb{R}$)
   Bestimme, für welche Werte b die Gerade g keinen, genau einen oder zwei gemeinsame Punkte mit dem Graphen der Funktion f hat.
   Nutze den GTR und gib für jeden der 3 Fälle eine Funktion beispielhaft an. 3

5 Hannah möchte eine rechteckige Spielfläche für ihren Hund Jack möglichst groß gestalten. Dazu hat sie einen 10 m langen Zaun zur Verfügung. Sie hat sich überlegt, dass eine Seite des Rechtecks durch die Hauswand vorgegeben ist.

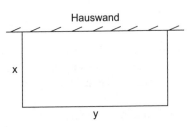

a) Begründe durch zwei unterschiedliche Zahlenbeispiele, dass je nach Wahl der Seitenlängen andere Flächeninhalte folgen. 2

b) Gib die beiden Terme zur Berechnung der Zaunlänge und des Flächeninhalts an. 2

c) Bestimme mithilfe der beiden Gleichungen eine quadratische Funktion, die den gesuchten Flächeninhalt in Abhängigkeit der Variablen x angibt. 4

d) Fertige mithilfe des GTRs eine Skizze an und lies den Wert für x ab, bei dem der Flächeninhalt maximal ist.
   Gib den maximalen Flächeninhalt an. 3

So lange habe ich gebraucht: _____ / 90 min

So viele BE habe ich erreicht: _____ / 76 BE

Note	1	2	3	4	5	6
BE	76–65	64–54	53–42	41–31	30–16	15–0

Hinweise und Tipps

1
- Lineare Funktionen und ihre Schaubilder: Vergleiche in den Funktionsgleichungen die angegebenen Steigungen und die Achsenabschnitte.
- Quadratische Funktionen und ihre Schaubilder: Bestimme den Scheitelpunkt. Du brauchst keine quadratische Ergänzung durchzuführen.

2
- Bestimme die Steigung mit $m = \frac{y_2 - y_1}{x_2 - x_1}$.
- Die Koordinaten von M ergeben sich als halbe Summe der x- bzw. y-Koordinaten von A und B.
- Die Steigung m_h ergibt sich aus $m_g \cdot m_h = -1$.
  Der Achsenabschnitt b kann mit der Steigung und dem Punkt M berechnet werden.
- Ergänze das Bild in deinen Unterlagen. Beachte: Bei gleichem Achsenmaßstab ist der rechte Winkel zwischen g und h ablesbar.
- Die Nullstellendifferenz entspricht der Grundseitenlänge. Die Dreieckshöhe ist aus dem Mittelpunkt M ablesbar.

3
- g(x) kann aus den zwei gegebenen Punkten bestimmt werden.
- Falls du den GTR zum Zeichnen der beiden Geraden nutzt, dann vergiss nicht, die beiden Graphen in deine Unterlagen zu übertragen.
- Der Steigungswinkel einer Geraden lässt sich über $m = \tan \alpha$ berechnen.
- Der Schnittwinkel ist immer der kleinere des Nebenwinkelpaares.
- Möchte man die Nullstellen einer Funktion f bestimmen, so muss die Funktionsgleichung gleich 0 gesetzt werden, also f(x) = 0.

4
- Wo liegt der Scheitel? Ist die Parabel nach oben oder unten geöffnet?
- Prüfe mit dem GTR, ob sich die beiden Graphen berühren.
- Veränderungen von b bewirken eine Parallelverschiebung der Geraden. Die Steigung m bleibt konstant.

5
- Die Zaunlänge setzt sich aus 3 Rechteckseiten zusammen.
- Setze für x und y Werte ein. Bedenke dabei, dass die Zaunlängenbedingung von 10 m erfüllt ist.
- Setze die eine Gleichung in die andere ein.
- Lies am GTR die Stelle mit dem größten Funktionswert ab.
- Überlege, welcher Größe der Funktionswert im Sachzusammenhang entspricht.

Lösung

BE

1 ⏲ 9 Minuten, 🔖 / 🔖🔍

Graph	A	B	C	D	E	F
Gleichung	i(x)	h(x)	j(x)	f(x)	g(x)	k(x)

3

Begründungen:

- $i(x) = 5x + 3$:   lineare Funktion mit $m > 0$ und $b > 0$ 1
- $g(x) = 2x - 3$:   lineare Funktion mit $m > 0$ und $b < 0$ 1
- $j(x) = -0{,}5x - 1{,}5$:   lineare Funktion mit $m < 0$ und $b < 0$ 1
- $f(x) = (x-2)^2$:   quadratische Funktion mit Scheitelpunkt $S(2\,|\,0)$ 1
- $h(x) = (x-2)^2 - 3$: quadratische Funktion mit Scheitelpunkt $S(2\,|\,-3)$ 1
- $k(x) = x^2 + 4x + 2$: muss zu F gehören, da nur dieses Schaubild übrig bleibt   1

Bemerkung: Der Scheitelpunkt von k(x) ist $S(-2\,|\,-2)$.

2 a) ⏲ 4 Minuten, 🔖

Bestimmung der Steigung m:

$$m_g = \frac{y_2 - y_1}{x_2 - x_1} = \frac{18 - (-12)}{8 - (-2)} = 3$$

1

Bestimmung des Achsenabschnitts b:

$y = m_g x + b$ Einsetzen von B(8|18) und der Steigung m

$18 = 3 \cdot 8 + b$

$18 = 24 + b \quad |\ -24$

$b = -6$

2

Funktionsgleichung: $g(x) = 3x - 6$

1

b) ⏲ 2 Minuten, 🔖

$x_M = \frac{1}{2} \cdot (x_A + x_B) = \frac{1}{2} \cdot (-2 + 8) = 3$ 1

$y_M = \frac{1}{2} \cdot (y_A + y_B) = \frac{1}{2} \cdot (-12 + 18) = 3$ 1

$\Rightarrow M(3\,|\,3)$

c) ⏱ 4 Minuten, 📖
Da g und h senkrecht sind, gilt $m_g \cdot m_h = -1$.

$$m_h = -\frac{1}{m_g} = -\frac{1}{3}$$

Der Achsenabschnitt b ergibt sich über:
$y = m_h x + b$ Einsetzen von M(3|3) und der Steigung m

$$3 = -\frac{1}{3} \cdot 3 + b$$

$3 = -1 + b \quad | +1$
$b = 4$

Funktionsgleichung: $h(x) = -\frac{1}{3}x + 4$

d) ⏱ 8 Minuten, 📖 / 📖📖

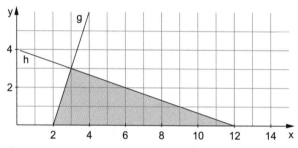

e) ⏱ 6 Minuten, 📖📖
Der Flächeninhalt eines Dreiecks berechnet sich über $A_D = \frac{a \cdot h_a}{2}$.
Die Grundseite a kann aus der Differenz der beiden Nullstellen $x_h = 12$ und $x_g = 2$ berechnet werden: $a = x_h - x_g = 12 \text{ cm} - 2 \text{ cm} = 10 \text{ cm}$

Die Dreieckshöhe h_a entspricht dem Funktionswert des Schnittpunkts M, also $h_a = 3$ cm.
Es folgt:

$$A_D = \frac{10 \text{ cm} \cdot 3 \text{ cm}}{2} = 15 \text{ cm}^2$$

3 a) ⏰ 8 Minuten, 📖 / 📖🔍

Bestimmung der Steigung m_g:

$$m_g = \frac{y_2 - y_1}{x_2 - x_1} = \frac{5 - (-1)}{2 - (-1)} = 2$$

1

Bestimmung des Achsenabschnitts b:

$y = m_g x + b$ Einsetzen von Punkt (2 | 5) und der
$5 = 2 \cdot 2 + b$ Steigung m
$5 = 4 + b$ $| -4$
$b = 1$

2

Funktionsgleichung: $g(x) = 2x + 1$

1

x	−3	−2	−1	0
g(x)	−5	−3	−1	1
h(x)	−1	0	1	2

x	1	2	3	4
g(x)	3	5	7	9
h(x)	3	4	5	6

3

b) ⏰ 6 Minuten, 📖.

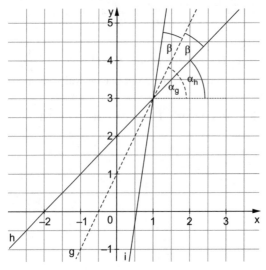

3

c) ⏱ 6 Minuten, 🌐 / 🌐🌐

Bedingung für den Steigungswinkel: $\tan\alpha = m$

$\tan\alpha_g = m_g = 2 \;\Rightarrow\; \alpha_g \approx 63{,}4°$ 1

$\tan\alpha_h = m_h = 1 \;\Rightarrow\; \alpha_h = 45°$ 1

Schnittwinkel β (siehe Abb. aus Teilaufgabe 3 b):

$\beta = \alpha_g - \alpha_h = 63{,}4° - 45° = 18{,}4°$ 2

Schnittpunkt:
$g(x) = h(x)$
$2x + 1 = x + 2 \qquad |-x-1$
$x = 1$ 1
$g(1) = h(1) = 3$
$\Rightarrow\; S(1\,|\,3)$ 1

d) ⏱ 3 Minuten, 🌐🌐
siehe Teilaufgabe 3 b   2

e) ⏱ 7 Minuten, 🌐🌐🌐.

Steigungswinkel:
$\alpha_i = \alpha_g + \beta = 63{,}4° + 18{,}4° = 81{,}8°$ 2

Steigung:
$m_i = \tan\alpha_i = \tan(81{,}8°) \approx 6{,}9$ 1

Da der Schnittpunkt S auch auf der Geraden i liegt, folgt:

$y = mx + b$ Einsetzen von $S(1\,|\,3)$ und der Steigung m
$3 = 6{,}9 \cdot 1 + b \qquad |-6{,}9$
$b = -3{,}9$ 2

Funktionsgleichung: $i(x) = 6{,}9x - 3{,}9$ 1

Der GTR liefert die Nullstelle $x \approx 0{,}57$.   2

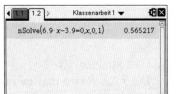

4 a) 🕐 4 Minuten, 📖

Wie im GTR-Bild zu sehen, liegt der Graph der Funktion komplett oberhalb der x-Achse.

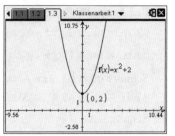

Rechnerisch:
$f(x) = 0$
$x^2 + 2 = 0$
$x^2 = -2$ keine Lösung!

Bemerkung: Alternativ kann man auch argumentieren, dass die Parabel nach oben geöffnet ist und ihr Scheitelpunkt wegen S(0|2) oberhalb der x-Achse liegt.

b) 🕐 4 Minuten, 📖 / 📖📖

Die Gerade g berührt die Parabel im Punkt (1|3). Da es nur diesen einen gemeinsamen Punkt gibt, ist die Gerade g eine Tangente an den Graphen der Funktion $f(x) = x^2 + 2$.

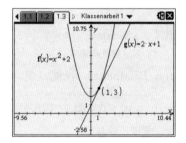

c) 🕐 5 Minuten, 📖📖

Für b = 1: 1 gemeinsamer Punkt
z. B. $g(x) = 2x + 1$

Für b > 1: 2 Schnittpunkte
z. B. $h(x) = 2x + 3$

Für b < 1: 0 gemeinsame Punkte
z. B. $i(x) = 2x - 1$

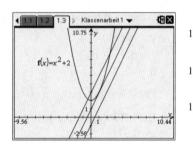

5 a) 🕐 4 Minuten, 📖

Die 3 Zaunseiten müssen zusammen 10 m ergeben. Beispiele:

x in m	y in m	A in m²
1	8	8
2	6	12

b) 🕐 2 Minuten, 🖉 / 🖉🔍
Zaunlänge: $Z = 2x + y = 10$ m
Flächeninhalt: $A = x \cdot y$

c) 🕐 4 Minuten, 🖉🔍
Umstellen der Gleichung für die Zaunlänge:
$2x + y = 10$
$y = 10 - 2x$

Einsetzen in die Gleichung für den Flächeninhalt:
$A = x \cdot (10 - 2x) = 10x - 2x^2$

Definieren als Funktion von x:
$A(x) = 10x - 2x^2$

d) 🕐 4 Minuten, 🖉🔍
Der Flächeninhalt ist im Scheitelpunkt $S(2{,}5 \mid 12{,}5)$ maximal.
Der maximale Flächeninhalt beträgt 12,5 m².

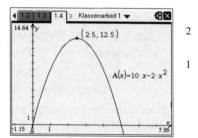

Klassenarbeit 2

BE

1 Es ist der Graph einer verschobenen Normalparabel dargestellt.

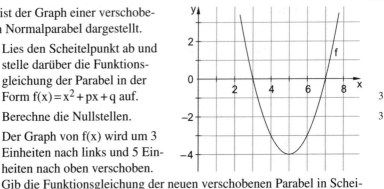

a) Lies den Scheitelpunkt ab und stelle darüber die Funktionsgleichung der Parabel in der Form $f(x) = x^2 + px + q$ auf.   3

b) Berechne die Nullstellen.   3

c) Der Graph von $f(x)$ wird um 3 Einheiten nach links und 5 Einheiten nach oben verschoben. Gib die Funktionsgleichung der neuen verschobenen Parabel in Scheitelpunktform und in Normalform an.   3

d) Zusätzlich ist die Parabel $h(x) = ax^2$ gegeben. Berechne a, sodass sich die Parabeln h und f im Punkt mit der x-Koordinate $x = 2$ schneiden.   3

2 Gegeben sind die Funktionen $f_b(x) = x^2 + b$ und $g(x) = -x^2 + 4x - 1$.

a) Skizziere die Parabel g und die Parabeln f_0 und f_2 in einem gemeinsamen Koordinatensystem.   6

b) Beschreibe die Auswirkung des Parameters b auf die Lage der Parabel f_b.   2

c) Bestimme die Werte für b, für die gilt:
  i) f_b und g haben keine gemeinsamen Punkte
  ii) f_b und g haben zwei gemeinsame Punkte
  iii) f_b und g haben genau einen gemeinsamen Punkt   6

3 Löse rechnerisch die folgenden Gleichungen:

a) $\frac{1}{2}x^2 - 8 = 0$ 2

b) $25x = 5x^2$ 2

c) $x^2 + x = 12$ 2

d) $x^3 - \frac{11}{2}x^2 - 3x = 0$ 3

e) $x^4 - 13x^2 + 36 = 0$ 4

4 Bestimme die Funktionsgleichungen der drei beschriebenen Parabeln in der Form $f(x) = ax^2 + bx + c$.

a) Die Parabel f verläuft durch den Scheitelpunkt S(2|–4) und durch den Punkt A(4|4). 5

b) Die Parabel f verläuft durch A(–2|–11), B(–1|0) und C(2|–3). 6

c) Die Parabel f verläuft durch die Punkte A(–3|6) und B(1|6). Der Scheitelpunkt der Parabel hat den y-Wert 2. 5

5 Anna möchte ein Balancierseil im Garten aufspannen. Dazu befestigt sie das Seil an zwei Bäumen, die 4 Meter auseinanderstehen.

a) Anna befestigt das Seil an beiden Bäumen 1 Meter über dem Boden. Das Seil beschreibt dabei den Graphen von $f(x) = \frac{1}{8}x^2 + bx + c$. Fertige eine passende Skizze an. 3

b) Bestimme die zugehörige Funktionsgleichung. 6

c) Wie hoch hängt das Seil am tiefsten Punkt über dem Boden? 2

6 Gegeben sind drei Graphen und drei Gleichungen.

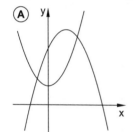
(A)

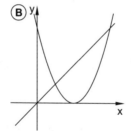
(B)

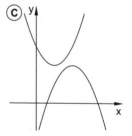
(C)

Gleichung 1
$(x-1)^2 + 3 = -(x-2)^2 + 3$

Gleichung 2
$x^2 + 1 = -(x-1)^2 + 4$

Gleichung 3
$(x-2)^2 - x = 0$

a) Ordne den Graphen die jeweils passende Gleichung zu. Begründe. 6

b) Bestimme die Lösungsmengen der drei Gleichungen und interpretiere sie bezüglich der Abbildungen. 6

So lange habe ich gebraucht: _____ / 90 min

So viele BE habe ich erreicht: _____ / 78 BE

Note	1	2	3	4	5	6
BE	78–68	67–57	56–46	45–35	34–16	15–0

Hinweise und Tipps

1
- Lies den Scheitelpunkt ab und benutze die Scheitelpunktform $f(x) = (x-d)^2 + e$. Forme dann um.
- Setze die Funktionsgleichung gleich null und benutze dann ein geeignetes Verfahren, um die quadratische Gleichung zu lösen.
- Bestimme zuerst den neuen Scheitelpunkt.
- Setze die beiden Funktionsgleichungen gleich, setze für x den Wert 2 ein und löse die Gleichung nach a auf.

2
- Setze für den Parameter b die passenden Werte ein. Forme die Funktion g zuerst in die Scheitelpunktform um.
- Nimm die Skizzen von f_0 und f_2 zu Hilfe. Wie verschiebt b die Parabel?
- Berechne die Schnittpunkte in Abhängigkeit von b. Überlege dann, welche Auswirkung das b in der Formel hat. Betrachte den Term unter der Wurzel.

3
- Löse die Gleichung in Teil a nach x^2 auf und ziehe dann die Wurzel.
- Bringe in den Teilen b–d alles auf eine Seite. Klammere, wenn möglich, x aus und löse eventuell eine quadratische Gleichung mit der p-q-Formel.
- Ersetze in Teil e den Term x^2 durch z und löse dann die quadratische Gleichung. Setze für z wieder x^2 ein. Ziehe aus den Ergebnissen für z die Wurzel.

4
- Setze den Punkt S(2|−4) in die Scheitelpunktform $f(x) = a(x-d)^2 + e$ ein. Setze den zweiten Punkt ein, um a noch zu bestimmen.
- Setze in Teil b alle drei Punkte in die Normalform $f(x) = ax^2 + bx + c$ ein und löse dann das Gleichungssystem.
- Bestimme in Teil c mit den vorgegebenen Punkten den x-Wert des Scheitelpunktes. Benutze dann die Scheitelpunktform.

5
- Überlege, wie du die Parabel in dein Koordinatensystem platzieren willst.
- Suche geeignete Punkte. Setze diese dann in die Funktionsgleichung ein.
- Überlege, welchen Punkt du betrachten musst, und berechne dann den gesuchten Wert.

6
- Bei den Gleichungen 1 und 2 beschreiben beide Seiten jeweils eine Parabel. Überlege dir ihren Verlauf und vergleiche deine Überlegungen mit den Bildern. Stelle die Gleichung 3 zunächst um.
- Löse zunächst die Klammern auf und wende z. B. die p-q-Formel an.

Lösung

BE

1 a) ⏲ 3 Minuten, 🌐.
Scheitelpunkt ablesen: S(5|−4)   1
Scheitelpunkt in die Scheitelpunktform $f(x) = (x-d)^2 + e$ mit $S(d|e)$ einsetzen und umformen:

$f(x) = (x-5)^2 - 4$ binomische Formel
$ = (x^2 - 10x + 25) - 4$
$ = x^2 - 10x + 21$ 2

b) ⏲ 2 Minuten, 🌐.
$f(x) = 0$
$x^2 - 10x + 21 = 0$ p-q-Formel mit p = −10 und q = 21   1
$\Rightarrow x_{1/2} = 5 \pm \sqrt{25 - 21} = 5 \pm 2$
$x_1 = 5 - 2 = 3$ und $x_2 = 5 + 2 = 7$ 2

c) ⏲ 4 Minuten, 🌐🌍.
Neue Funktionsgleichung in Scheitelpunktform:
$g(x) = (x - 5 + 3)^2 - 4 + 5$
$ = (x - 2)^2 + 1$ 2

Umformen in Normalform:
$g(x) = (x - 2)^2 + 1$ binomische Formel
$ = (x^2 - 4x + 4) + 1$
$ = x^2 - 4x + 5$ 1

d) ⏲ 4 Minuten, 🌐🌍 / 🌐🌍🌐.
Gleichsetzen der Funktionen:
$x^2 - 10x + 21 = ax^2$ 1

x = 2 in die Gleichung einsetzen:
$4 - 20 + 21 = a \cdot 4$
$5 = 4a$
$a = \dfrac{5}{4}$ 2

2 a) ⏲ 6 Minuten, 🧠.

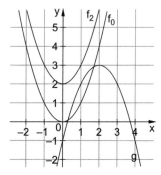

6

b) ⏲ 3 Minuten, 🧠 / 🧠🧠.
Ist b positiv, so wird die Parabel nach oben verschoben 1
Ist b negativ, so wird die Parabel nach unten verschoben. 1

c) ⏲ 7 Minuten, 🧠🧠🧠.
Gleichsetzen der Funktionen:
$$-x^2 + 4x - 1 = x^2 + b$$ 1
$$-2x^2 + 4x - 1 - b = 0$$
$$x^2 - 2x + \frac{1}{2} + \frac{1}{2}b = 0 \qquad \text{p-q-Formel mit } p = -2 \text{ und } q = \frac{1}{2} + \frac{1}{2}b$$
$$\Rightarrow x_{1/2} = 1 \pm \sqrt{1 - \frac{1}{2} - \frac{1}{2}b} = 1 \pm \sqrt{\frac{1-b}{2}}$$ 2

i) Für b > 1 ist der Term unterhalb der Wurzel negativ. D. h., es gibt keine Lösung der Gleichung und auch keine gemeinsamen Punkte. 1

ii) Für b < 1 besitzt die Gleichung zwei Lösungen und somit gibt es zwei gemeinsame Punkte. 1

iii) Für b = 1 ist der Wert des Terms unterhalb der Wurzel gleich null. Somit gibt es dann genau einen gemeinsamen Punkt. 1

3 a) ⏲ 2 Minuten, 🧠.
$$\frac{1}{2}x^2 - 8 = 0$$
$$\frac{1}{2}x^2 = 8$$
$$x^2 = 16$$
$$\Rightarrow x_1 = 4 \text{ oder } x_2 = -4$$ 2

b) 🕐 2 Minuten, 🌐.
$$25x = 5x^2$$
$$5x^2 - 25x = 0$$
$$5x(x-5) = 0$$
$$\Rightarrow x_1 = 0 \text{ oder } x_2 = 5 \qquad\qquad 2$$

c) 🕐 3 Minuten, 🌐 / 🌐🌐.
$$x^2 + x = 12$$
$$x^2 + x - 12 = 0 \qquad\qquad \text{p-q-Formel mit } p = 1 \text{ und } q = -12$$
$$\Rightarrow x_{1/2} = -\frac{1}{2} \pm \sqrt{\frac{1}{4} + 12} = -\frac{1}{2} \pm \frac{7}{2}$$
$$x_1 = -\frac{1}{2} - \frac{7}{2} = -4 \text{ oder } x_2 = -\frac{1}{2} + \frac{7}{2} = 3 \qquad\qquad 2$$

d) 🕐 4 Minuten, 🌐🌐.
$$x^3 - \frac{11}{2}x^2 - 3x = 0$$
$$x \cdot \left(x^2 - \frac{11}{2}x - 3 \right) = 0$$
$$\Rightarrow x_1 = 0 \text{ oder } x^2 - \frac{11}{2}x - 3 = 0 \qquad \text{p-q-Formel mit } p = -\tfrac{11}{2} \text{ und } q = -3 \qquad 1$$
$$\Rightarrow x_{2/3} = \frac{11}{4} \pm \sqrt{\frac{121}{16} + 3} = \frac{11}{4} \pm \frac{13}{4}$$
$$x_2 = \frac{11}{4} - \frac{13}{4} = -\frac{1}{2} \text{ oder } x_3 = \frac{11}{4} + \frac{13}{4} = 6 \qquad\qquad 2$$

e) 🕐 5 Minuten, 🌐🌐 / 🌐🌐🌐.
$$x^4 - 13x^2 + 36 = 0$$
Substitution: x^2 durch z ersetzen \qquad\qquad 1
$$z^2 - 13z + 36 = 0 \qquad\qquad \text{p-q-Formel mit } p = -13 \text{ und } q = 36$$
$$\Rightarrow z_{1/2} = \frac{13}{2} \pm \sqrt{\frac{169}{4} - 36} = \frac{13}{2} \pm \frac{5}{2}$$
$$z_1 = \frac{13}{2} - \frac{5}{2} = 4 \text{ oder } z_2 = \frac{13}{2} + \frac{5}{2} = 9 \qquad\qquad 1$$

Resubstitution: z durch x^2 ersetzen

$x^2 = 4 \Rightarrow x_1 = 2$ oder $x_2 = -2$ 1

$x^2 = 9 \Rightarrow x_3 = 3$ oder $x_4 = -3$ 1

4 a) ⏰ 5 Minuten,

Punkt S in die Scheitelpunktform $f(x) = a(x-d)^2 + e$ einsetzen:

$$\begin{aligned} f(x) &= a(x-2)^2 - 4 \\ &= a(x^2 - 4x + 4) - 4 \\ &= ax^2 - 4ax + 4a - 4 \end{aligned}$$ 2

Punkt A einsetzen:
$$f(4) = 4$$
$$16a - 16a + 4a - 4 = 4$$
$$4a = 8$$
$$a = 2$$ 2

Funktionsgleichung: $f(x) = 2x^2 - 8x + 4$ 1

b) ⏰ 8 Minuten,

A einsetzen: $f(-2) = -11 \Rightarrow 4a - 2b + c = -11$ 1
B einsetzen: $f(-1) = 0 \Rightarrow a - b + c = 0$ 1
C einsetzen: $f(2) = -3 \Rightarrow 4a + 2b + c = -3$ 1

Lineares Gleichungssystem:

$$\begin{vmatrix} 4a - 2b + c = -11 & |\cdot(-1) \\ a - b + c = 0 \\ 4a + 2b + c = -3 \end{vmatrix} \oplus$$

$$\Leftrightarrow \begin{vmatrix} 4a - 2b + c = -11 \\ a - b + c = 0 \\ 4b = 8 \end{vmatrix} \text{ Einsetzen}$$ 1

$$\Leftrightarrow \begin{vmatrix} 4a - 4 + c = -11 \\ a - 2 + c = 0 \\ b = 2 \end{vmatrix}$$

$$\Leftrightarrow \begin{vmatrix} 4a + c = -7 \\ a + c = 2 & |\cdot(-1) \\ b = 2 \end{vmatrix} \oplus$$

$$\Leftrightarrow \begin{vmatrix} 3a = -9 \\ a + c = 2 \\ b = 2 \end{vmatrix}$$ ⟩ Einsetzen

$$\Leftrightarrow \begin{vmatrix} a = -3 \\ c = 5 \\ b = 2 \end{vmatrix}$$

Funktionsgleichung: $f(x) = -3x^2 + 2x + 5$

c) 7 Minuten,

Da die Punkte A und B beide den y-Wert 6 haben, liegt der x-Wert des Scheitelpunktes genau zwischen den x-Werten der beiden Punkte. Der Scheitelpunkt ergibt sich zu S(–1|2).

Einsetzen in die Scheitelpunktform:
$f(x) = a(x+1)^2 + 2$
$\quad\; = ax^2 + 2ax + a + 2$

Punkt B(1|6) einsetzen:
$a + 2a + a + 2 = 6$
$\qquad\quad\; 4a = 4$
$\qquad\quad\;\; a = 1$

Funktionsgleichung: $f(x) = x^2 + 2x + 3$

5 a) 4 Minuten,

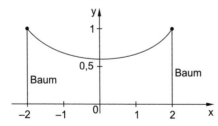

Alternative:

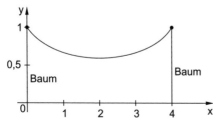

b) 4 Minuten,

$f(x) = \dfrac{1}{8}x^2 + bx + c$

Die Parameter b und c müssen bestimmt werden. Dazu setzt man die Endpunkte des Seils A(−2|1) und B (2|1) ein und löst das entstehende Gleichungssystem.

$$\left| \begin{array}{l} \dfrac{1}{8}(-2)^2 - 2b + c = 1 \\ \dfrac{1}{8}(2)^2 + 2b + c = 1 \end{array} \right|$$

$\Leftrightarrow \left| \begin{array}{l} -2b + c = \dfrac{1}{2} \\ 2b + c = \dfrac{1}{2} \end{array} \right|$ ⊕

$\Leftrightarrow \left| \begin{array}{l} -2b + c = \dfrac{1}{2} \\ 2c = 1 \end{array} \right|$ Einsetzen

$\Leftrightarrow \left| \begin{array}{l} b = 0 \\ c = \dfrac{1}{2} \end{array} \right|$

Funktionsgleichung: $f(x) = \dfrac{1}{8}x^2 + \dfrac{1}{2}$

Alternative:
Die Punkte A(0|1) und B (4|1) einsetzen.

$$\left| \begin{array}{l} c = 1 \\ \dfrac{1}{8}(4)^2 + 4b + c = 1 \end{array} \right|$$

$\Leftrightarrow \left| \begin{array}{l} c = 1 \\ 2 + 4b + c = 1 \end{array} \right|$ Einsetzen

$\Leftrightarrow \left| \begin{array}{l} c = 1 \\ b = -\dfrac{1}{2} \end{array} \right|$

Funktionsgleichung: $f(x) = \dfrac{1}{8}x^2 - \dfrac{1}{2}x + 1$

c) 🕐 3 Minuten, 🌐 / 🌐🔍

$f(0) = \dfrac{1}{2}$

Es hängt $\dfrac{1}{2}$ Meter über dem Boden.   2

Alternative:

$f(2) = \dfrac{1}{8} \cdot 2^2 - \dfrac{1}{2} \cdot 2 + 1 = \dfrac{1}{2}$

6 a) 🕐 5 Minuten, 🌐🔍

Die linke Seite der Gleichung 1 beschreibt eine Parabel, die nach oben geöffnet ist und ihren Scheitelpunkt bei (1 | 3) hat. Die rechte Seite beschreibt eine Parabel, die nach unten geöffnet ist und ihren Scheitelpunkt bei (2 | 3) hat. Also gehört der **Graph C** zu **Gleichung 1**.   2

Die linke Seite der Gleichung 2 beschreibt die um 1 nach oben verschobene Normalparabel. Die rechte Seite beschreibt eine nach unten geöffnete Parabel mit dem Scheitelpunkt (1 | 4). Also gehört der **Graph A** zu **Gleichung 2**.   2

Die Gleichung 3 muss zuerst umgestellt werden.

$(x-2)^2 - x = 0$
$(x-2)^2 = x$

So beschreibt die linke Seite eine nach rechts verschobene Normalparabel und die rechte Seite eine Gerade durch (0 | 0) mit Steigung 1. Also gehört der **Graph B** zu **Gleichung 3**.   2

b) 🕐 9 Minuten, 🌐🔍

Gleichung 1

$(x-1)^2 + 3 = -(x-2)^2 + 3$
$(x-1)^2 = -(x-2)^2$

Diese Gleichung kann keine Lösung haben, da die rechte Seite immer negativ und die linke Seite immer positiv ist und zudem die rechte Seite für $x = 2$ und die linke Seite für $x = 1$ null wird und $1 \neq 2$ gilt. Also haben die zugehörigen Graphen keine gemeinsamen Punkte. Dies ist im **Graphen C** zu erkennen.   2

Alternative:
$$(x-1)^2 = -(x-2)^2$$
$$x^2 - 2x + 1 = -x^2 + 4x - 4$$
$$2x^2 - 6x + 5 = 0$$
$$x^2 - 3x + \frac{5}{2} = 0$$
$$\Rightarrow x_{1/2} = \frac{3}{2} \pm \sqrt{\frac{9}{4} - \frac{5}{2}} = \frac{3}{2} \pm \sqrt{-\frac{1}{4}}$$

Die Gleichung hat keine Lösung, da der Term unter der Wurzel negativ ist.

Gleichung 2
$$x^2 + 1 = -(x-1)^2 + 4$$
$$x^2 + 1 = -x^2 + 2x - 1 + 4$$
$$2x^2 - 2x - 2 = 0$$
$$x^2 - x - 1 = 0$$
$$\Rightarrow x_{1/2} = \frac{1}{2} \pm \sqrt{\frac{1}{4} + 1} = \frac{1 \pm \sqrt{5}}{2}$$

Da es zwei Lösungen gibt, haben die zugehörigen Graphen zwei gemeinsame Punkte. Zudem ist eine Lösung negativ und eine Lösung positiv. Also gehört **Graph A** zu Gleichung 2.

Gleichung 3
$$(x-2)^2 - x = 0$$
$$x^2 - 4x + 4 - x = 0$$
$$x^2 - 5x + 4 = 0$$
$$\Rightarrow x_{1/2} = \frac{5}{2} \pm \sqrt{\frac{25}{4} - 4} = \frac{5}{2} \pm \frac{3}{2}$$

Da beide Lösungen positiv sind, gehört der **Graph B** zu Gleichung 3.

Klassenarbeit 3

BE

1 Die folgenden Rechnungen weisen Fehler auf. Finde und benenne die Fehler und löse die Gleichung korrekt.

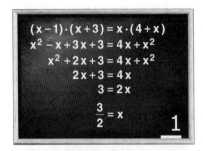
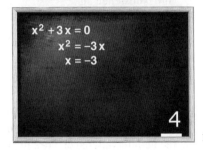

12

2 Gegeben sind die Funktionen $f(x) = -(x-3)^2 + 4$ und $g(x) = -2x + 11$.

a) Fertige eine Skizze der Graphen von f und g in einem gemeinsamen Koordinatensystem an. Nutze deinen GTR und übertrage die Skizze in dein Heft.
Beschreibe die Lagebeziehung zwischen den beiden Graphen. 4

b) Weise deine Vermutung aus Teilaufgabe a rechnerisch nach. 3

c) Bestimme die Geradengleichung der Geraden h, die senkrecht zur Geraden g sowie durch den Berührpunkt von f und g verläuft. 4

d) Berechne den weiteren Schnittpunkt von f und h und ergänze deine Skizze. Nutze dazu den GTR. 5

e) Die beiden Geraden bilden mit der x-Achse ein rechtwinkliges Dreieck. Markiere das Dreieck in deiner Skizze und berechne die Länge der Hypotenuse. 4

3 Gegeben sind die Funktionen f und g mit den Funktionsgleichungen
$f(x) = (x+6) \cdot (x+1) \cdot (x-2)$ und $g(x) = x^3 + 5x^2 - 8x - 12$.

a) Fertige eine Skizze der Funktionen f und g mithilfe des GTR an und übertrage das Schaubild in dein Heft.
Vergleiche die beiden Graphen und beschreibe, was dir dabei auffällt. 4

b) Begründe deine Aussage aus Teilaufgabe a rechnerisch. 3

c) Erläutere die Vorteile der Linearfaktorzerlegung, in der die Funktion f im Aufgabentext dargestellt ist. 3

d) Gib eine Funktion in Linearfaktorzerlegung an, die die Nullstellen $x_1 = 3$; $x_2 = 1$ und $x_3 = -4$ besitzt.
Forme sie auch in die Normalform um. 4

e) Zerlege die Funktion $k(x) = x^3 - 5x^2 - 14x$ in Linearfaktoren und gib ihre Nullstellen an. 5

4 Die Funktion $f(x) = -\frac{1}{5}x^2 + \frac{13}{15}x + 2$; $x \geq 0$ beschreibt die Flugbahn einer Kugel beim Kugelstoßen.

a) Fertige eine passende Skizze an. Nutze dazu den GTR und übertrage die Skizze in dein Heft. 3

b) Die Funktion f kann nur innerhalb eines bestimmten Intervalls zur Modellierung der Flugbahn genutzt werden. Bestimme rechnerisch die rechte Intervallgrenze b des Intervalls [0; b]. 3

c) Wie hoch fliegt die Kugel maximal und wie weit ist sie zu diesem Zeitpunkt vertikal gesehen vom Abwurfpunkt entfernt? 5

d) Ein zweiter Werfer wirft seine Kugel aus 1,60 m Höhe ab. Seine Kugel fliegt insgesamt 8 m weit und hat ihren höchsten Punkt drei Meter nach dem Abwurf erreicht.
Bestimme die Funktionsgleichung der quadratischen Funktion, die diese Flugbahn beschreibt. Fertige eine Skizze deiner Funktion an. 8

So lange habe ich gebraucht: _____ / 90 min

So viele BE habe ich erreicht: _____ / 70 BE

Note	1	2	3	4	5	6
BE	70–61	60–51	50–41	40–32	31–13	12–0

Hinweise und Tipps

1
- Löse zuerst die Klammern auf.
- Überprüfe, ob alle Lösungen angegeben wurden.
- Manchmal helfen dir binomische Formeln weiter.
- Klammere evtl. x aus.

2
- Prüfe, ob sich die Graphen schneiden, nicht schneiden oder berühren.
- Berechne die möglichen gemeinsamen Punkte.
- Für die Steigung m_1 der Geraden g und die Steigung m_2 der Geraden h muss gelten: $m_1 \cdot m_2 = -1$
- Bestimme zuerst m_2. Setze dann den Berührpunkt ein.
- Setze die beiden Funktionsgleichungen gleich und löse die entstandene Gleichung.
- Bestimme die Nullstellen der beiden Geraden, um darüber die Länge der Hypotenuse zu berechnen.

3
- Achte besonders auf die Nullstellen.
- Forme die Funktionsgleichung einer der beiden Funktionen geeignet um.
- Betrachte die Linearfaktorzerlegung, wenn man sie gleich null setzt.
- Benutze in Teilaufgabe d die Überlegungen aus den vorherigen Teilaufgaben.
- Berechne zuerst die Nullstellen und bilde dann die Linearfaktorzerlegung. Forme anschließend um.

4
- Überlege dir, welcher Ausschnitt des Graphen wichtig ist.
- Bei $x = 0$ wird die Kugel abgeworfen, wo landet sie? Bestimme b mittels dieser Überlegung.
- Bestimme den Scheitelpunkt und daraus die gesuchten Werte.
- Bestimme mithilfe des Textes Punkte, die auf der Parabel liegen. Nutze die Linearfaktorzerlegung.

Lösung

BE

1 ⏲ 15 Minuten, 🎱 / 🎱🎱

Gleichung 1

$(x-1) \cdot (x+3) = x \cdot (4+x)$	Klammern auflösen
$x^2 - x + 3x - 3 = 4x + x^2$	Zusammenfassen
$x^2 + 2x - 3 = 4x + x^2$	x^2 subtrahieren
$2x - 3 = 4x$	2x subtrahieren
$-3 = 2x$	durch 2 teilen
$-\dfrac{3}{2} = x$	

1

1

Fehler: Beim Auflösen der beiden Klammern ist ein Vorzeichenfehler zu erkennen.

1

Gleichung 2

$8x^2 = 2x \cdot (x + 27)$	Klammern auflösen
$8x^2 = 2x^2 + 54$	$2x^2$ subtrahieren
$6x^2 = 54$	durch 6 teilen
$x^2 = 9$	Wurzel ziehen
$\Rightarrow\; x = 3$ oder $x = -3$	

1

1

Fehler: Die 2. Lösung der Gleichung $x^2 = 9$ wurde nicht beachtet.

1

Gleichung 3

$(x+5)^2 = 41$	binomische Formel
$x^2 + 10x + 25 = 41$	41 subtrahieren
$x^2 + 10x - 16 = 0$	p-q-Formel mit $p = 10$, $q = -16$
$\Rightarrow\; x_{1/2} = -5 \pm \sqrt{25 + 16} = -5 \pm \sqrt{41}$	
$x_1 = -5 - \sqrt{41} \approx -11{,}4$	
$x_2 = -5 + \sqrt{41} \approx 1{,}4$	

1

1

Fehler: Bei der Anwendung der binomischen Formel ist der mittlere Teil vergessen worden.

1

Gleichung 4

$x^2 + 3x = 0$	x ausklammern
$x \cdot (x + 3) = 0$	
$\Rightarrow\; x = 0$ oder $x = -3$	

1

1

Fehler: Die Gleichung wurde durch x dividiert, aber der Fall $x = 0$ nicht berücksichtigt.

1

2 a) 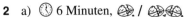 6 Minuten,

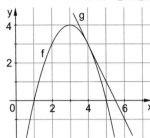
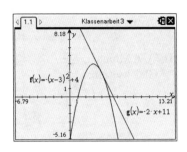

Lagebeziehung: Die Gerade g berührt die Parabel f im Punkt (4|3).

b) 4 Minuten,
Berechnung des gemeinsamen Punkts durch Gleichsetzen:

$$f(x) = g(x)$$
$$-(x-3)^2 + 4 = -2x + 11 \qquad \text{binomische Formel}$$
$$-(x^2 - 6x + 9) + 4 = -2x + 11 \qquad \text{Klammer auflösen}$$
$$-x^2 + 6x - 9 + 4 = -2x + 11 \qquad \text{Zusammenfassen}$$
$$-x^2 + 8x - 16 = 0 \qquad \text{mit } -1 \text{ multiplizieren}$$
$$x^2 - 8x + 16 = 0 \qquad \text{p-q-Formel mit } p = -8, q = 16$$
$$\Rightarrow x_{1/2} = 4 \pm \sqrt{4^2 - 16} = 4 \pm \sqrt{0} = 4$$

Es gibt nur die eine Schnittstelle $x = 4$.
$$f(4) = -(4-3)^2 + 4 = -1 + 4 = 3$$
Berührpunkt: (4|3)

c) 3 Minuten,
Für die Gerade h gilt: $h(x) = m \cdot x + b$

Für die Steigung m muss gelten:
$$(-2) \cdot m = -1 \quad \Rightarrow \quad m = \frac{1}{2}$$
$$\Rightarrow h(x) = \frac{1}{2}x + b$$

Einsetzen des Berührpunktes (4|3) liefert:
$$h(4) = 3$$
$$\frac{1}{2} \cdot 4 + b = 3$$
$$b = 1$$

Also:

$$h(x) = \frac{1}{2}x + 1$$

d) ⏲ 6 Minuten, 🧠 / 🧠🧠
Gleichsetzen:

$$h(x) = f(x)$$

$$\frac{1}{2}x + 1 = -(x-3)^2 + 4 \qquad \text{binomische Formel}$$

$$\frac{1}{2}x + 1 = -(x^2 - 6x + 9) + 4 \qquad \text{Klammer auflösen}$$

$$\frac{1}{2}x + 1 = -x^2 + 6x - 5 \qquad \text{Zusammenfassen}$$

$$x^2 - \frac{11}{2}x + 6 = 0 \qquad \text{p-q-Formel mit } p = -\tfrac{11}{2},\ q = 6$$

$$\Rightarrow x_{1/2} = \frac{11}{4} \pm \sqrt{\frac{121}{16} - 6} = \frac{11}{4} \pm \frac{5}{4}$$

$$x_1 = \frac{11}{4} - \frac{5}{4} = \frac{3}{2} \quad \text{oder} \quad x_2 = \frac{11}{4} + \frac{5}{4} = 4$$

Weiterer Schnittpunkt bei $x_1 = \frac{3}{2}$.

$$f\left(\frac{3}{2}\right) = h\left(\frac{3}{2}\right) = \frac{1}{2} \cdot \frac{3}{2} + 1 = 1\frac{3}{4}$$

Weiterer Schnittpunkt: $\left(\frac{3}{2} \mid 1\frac{3}{4}\right)$

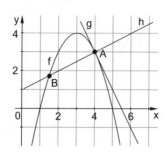

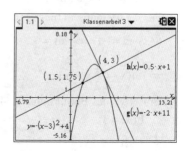

e) ⏲ 5 Minuten,
Die Hypotenuse liegt auf der
x-Achse.

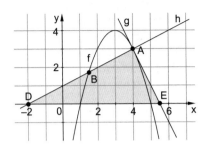

Bestimmung der Nullstelle von
h(x):

$$h(x) = 0$$
$$\frac{1}{2}x + 1 = 0$$
$$x = -2$$

Bestimmung der Nullstelle von g(x):

$$g(x) = 0$$
$$-2x + 11 = 0$$
$$x = \frac{11}{2} = 5{,}5$$

Länge der Hypotenuse:
$\ell = |-2 - 5{,}5| = |-7{,}5| = 7{,}5$

3 a) ⏲ 6 Minuten,

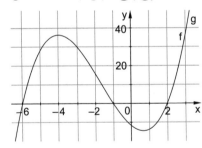 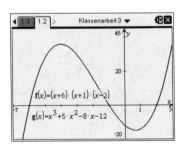

Beide Funktionen beschreiben den gleichen Graphen.

b) ⏲ 4 Minuten,
Umformung von f:

$$f(x) = (x+6) \cdot (x+1) \cdot (x-2)$$
$$= (x^2 + 7x + 6) \cdot (x-2)$$
$$= x^3 - 2x^2 + 7x^2 - 14x + 6x - 12$$
$$\Rightarrow f(x) = x^3 + 5x^2 - 8x - 12 = g(x)$$

c) 🕐 3 Minuten, 🧠🧠 / 🧠🧠🧠.
In der Linearfaktorzerlegung einer Funktion können die Nullstellen direkt abgelesen werden. 1
Da ein Produkt gleich null ist, wenn ein Faktor gleich null ist, kann jeder Linearfaktor einzeln betrachtet werden. Ein Linearfaktor der Form $(x-a)$ ist null für den Wert $x = a$. 2

d) 🕐 4 Minuten, 🧠🧠.
$$g(x) = (x+4)\cdot(x-3)\cdot(x-1) \qquad \text{Klammern auflösen} \quad 2$$
$$= (x^2 + x - 12)\cdot(x-1)$$
$$= x^3 - x^2 + x^2 - x - 12x + 12 \qquad \text{Zusammenfassen}$$
$$= x^3 - 13x + 12 \qquad 2$$

Bemerkung: Du kannst jede Funktion $g(x) = a\cdot(x+4)\cdot(x-3)\cdot(x-1)$ mit $a \in \mathbb{R}\setminus\{0\}$ ansetzen.

e) 🕐 4 Minuten, 🧠🧠.
$$k(x) = x^3 - 5x^2 - 14x \qquad \text{x ausklammern}$$
$$= x\cdot(x^2 - 5x - 14) \qquad 1$$

Nebenrechnung:
$$x^2 - 5x - 14 = 0 \qquad \text{p-q-Formel mit } p = -5,\ q = -14 \quad 1$$
$$\Rightarrow x_{1/2} = \frac{5}{2} \pm \sqrt{\frac{25}{4} + 14} = \frac{5}{2} \pm \frac{9}{2}$$
$$x_1 = \frac{5}{2} - \frac{9}{2} = -2 \quad \text{oder} \quad x_2 = \frac{5}{2} + \frac{9}{2} = 7 \qquad 1$$
$$\Rightarrow k(x) = x\cdot(x+2)\cdot(x-7) \qquad 1$$
Nullstellen: $x_1 = -2;\ x_2 = 7;\ x_3 = 0$ 1

4 a) 🕐 5 Minuten, 🧠.

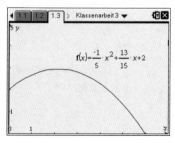

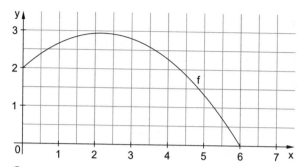

b) 🕐 6 Minuten, 👥👥👥

Nur zwischen $x=0$ (Abwurf) und der rechten Nullstelle (Kugel auf Boden) kann die Funktion zur Modellierung genutzt werden.

$$-\frac{1}{5}x^2 + \frac{13}{15}x + 2 = 0 \qquad \text{mit } -5 \text{ multiplizieren}$$

$$x^2 - \frac{13}{3}x - 10 = 0 \qquad \text{p-q-Formel mit } p = -\tfrac{13}{3},\ q = -10$$

$$\Rightarrow x_{1/2} = \frac{13}{6} \pm \sqrt{\frac{169}{36} + 10} = \frac{13}{6} \pm \frac{23}{6}$$

$(x_1 \approx -1{,}66\ \text{oder})\ x_2 = 6$

Die rechte Intervallgrenze b liegt bei $b = 6$.

c) 🕐 7 Minuten, 👥 / 👥👥👥

Bestimmung des Scheitelpunktes über quadratische Ergänzung:

$$f(x) = -\frac{1}{5}x^2 + \frac{13}{15}x + 2$$

$$= -\frac{1}{5} \cdot \left(x^2 - \frac{13}{3}x - 10\right)$$

$$= -\frac{1}{5} \cdot \left(x^2 - \frac{13}{3}x + \left(\frac{13}{6}\right)^2 - \left(\frac{13}{6}\right)^2 - 10\right)$$

$$= -\frac{1}{5} \cdot \left(\left(x - \frac{13}{6}\right)^2 - \left(\frac{13}{6}\right)^2 - 10\right)$$

$$= -\frac{1}{5} \cdot \left(x - \frac{13}{6}\right)^2 + \frac{529}{180}$$

Scheitelpunkt: S($\approx 2{,}17 \mid \approx 2{,}94$)

Die Kugel fliegt etwa 2,94 Einheiten hoch und ist zu diesem Zeitpunkt ca. 2,17 Einheiten vertikal gesehen vom Abwurfpunkt entfernt.

d) ⏰ 12 Minuten, 🌐🌐🌐.

Nullstelle bei $x = 8$.
Scheitelpunkt bei $x = 3$.
Dann muss die zweite Nullstelle bei $x = -2$ liegen.

Bestimmung der Funktionsgleichung:
$$h(x) = a \cdot (x + 2) \cdot (x - 8)$$
$$ = a \cdot (x^2 - 6x - 16)$$

Es soll gelten: $h(0) = 1{,}6$

Einsetzen:
$$-16a = 1{,}6$$
$$a = -0{,}1$$

Also: $h(x) = -0{,}1x^2 + 0{,}6x + 1{,}6$

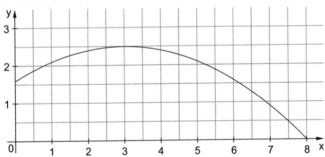

Klassenarbeiten zum Themenbereich 2
Weitere Funktionstypen
- Potenzfunktionen
- Wurzelfunktionen
- Trigonometrische Funktionen

Klassenarbeit 4

BE

1 Vereinfache die Terme so weit wie möglich.

a) $\dfrac{c^3}{c^4 + 3c^4}$ 2

b) $\left(\dfrac{4a^5}{3b^2 c^{-3}}\right) \cdot \left(\dfrac{9a^{-9} b^{-3}}{8c}\right)$ 2

c) $\dfrac{(x+y)^5}{x^2 + 2xy + y^2}$ 2

d) $\dfrac{(x^3 y^2)^3 + y^6}{y^4}$ 2

2 Ordne den Graphen die Funktionsgleichungen zu und begründe deine Zuordnung.

$f(x) = x^4$
$g(x) = x^8$
$h(x) = -(x+2)^4 - 1$
$i(x) = (x-2)^4$
$k(x) = -x^4$

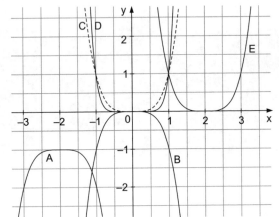

10

3 Gegeben sind die Funktionen $f(x) = x^5$ und $g(x) = x^3$.

a) Fertige eine Skizze an. Benutze den GTR und übertrage in dein Heft. 2

b) Beschreibe und erläutere die Unterschiede zwischen beiden Graphen. 4

c) Der Graph der Funktion g wird um 3 Einheiten nach rechts und 2 Einheiten nach oben verschoben. Veranschauliche dies in der Skizze aus Teil a und gib die Funktionsgleichung der verschobenen Funktion h an. 4

d) Gegeben ist nun die Funktionenschar $f_a(x) = (x+a)^3 + a$ mit $-3 \le a \le 3$. Beschreibe die Veränderung des Graphen, wenn a schrittweise von -3 bis 3 wächst. Benutze dazu den GTR. 4

4 Ein Quader mit der Breite a ist 2-mal so tief und 4-mal so hoch wie breit.

a) Skizziere und beschrifte den Quader. 2

b) Die Funktion O mit $O(a) = 28a^2$ gibt in Abhängigkeit von a die zugehörige Oberfläche an. Leite die Funktionsgleichung schrittweise her. 2

c) Leite eine Funktionsgleichung $V(a)$ für das Volumen des Quaders in Abhängigkeit von a her. 2

d) Fertige eine Skizze für die Funktion aus Teilaufgabe c an. Benutze den GTR und übertrage die Skizze in dein Heft. 2

e) Begründe, warum die Funktion aus Teilaufgabe c nur für positive Werte für a zur Modellierung benutzt werden kann. 2

f) Berechne den Oberflächeninhalt eines Quaders mit einem Volumen von $216\ dm^3$. Gib auch Breite, Tiefe und Höhe an. 6

g) Erläutere allgemein die Veränderung der Oberfläche und des Volumens, wenn die Breite des Quaders verdoppelt bzw. gedrittelt wird. 6

5 Gegeben: $f(x) = x^{-2}$, $g(x) = x^{-3}$ und $h(x) = 8 - x^{-3}$. Kreuze an und begründe.

	wahr	falsch
1 Der Graph von f ist achsensymmetrisch zur y-Achse.	☐	☐
2 Der Graph von g verläuft durch den Punkt $P(0,1 \mid 1\ 000)$.	☐	☐
3 Der Graph von h schneidet die x-Achse nur bei $x = 0,5$.	☐	☐
4 Die Graphen von f und g schneiden sich im Punkt $P(1 \mid 1)$.	☐	☐
5 Die Graphen von g und h schneiden sich nicht.	☐	☐

15

6 Bestimme die Lösungsmenge folgender Potenzgleichungen.

a) $x^3 = -8$ 2

b) $x^4 - 16 = 0$ 2

c) $x^6 = x^4$ 4

d) $0,5 \cdot (x+1)^3 = 32$ 3

So lange habe ich gebraucht: _____ / 90 min

So viele BE habe ich erreicht: _____ / 80 BE

Note	1	2	3	4	5	6
BE	80 – 70	69 – 58	57 – 47	46 – 36	35 – 15	14 – 0

Hinweise und Tipps

1
- Fasse gleichartige Terme zusammen.
- Wende Potenzgesetze an.
- Faktorisiere im Zähler.
- Vereinfache mithilfe der binomischen Formeln.

2
- Lies jeweils den Scheitelpunkt der Parabel ab.
- Vergleiche ihn mit den Funktionsgleichungen.
- Beachte evtl. auch das Öffnungsverhalten der Parabeln.

3
- Wähle einen passenden Maßstab.
- Achte auf gemeinsame Punkte und den Verlauf der Graphen.
- Nutze Analogien zu Funktionen mit geradzahligem Exponenten.
- Überlege, welchen Einfluss eine Verschiebung in x-Richtung bzw. in y-Richtung auf den Funktionsterm hat.
- Nutze zur Verlaufsbeschreibung der Graphen der Kurvenschar deine Überlegungen aus Teilaufgabe c.
- Nutze zur Kontrolle den GTR.

4
- Zeichne den Quader und beschrifte ihn mit den gegebenen Größen.
- Nutze die Oberflächengleichung eines Quaders aus der Mittelstufe. Setze in diese die gegebenen Bedingungen ein und vereinfache den Term.
- Beachte einen geeigneten Maßstab.
- Der Funktionswert von V(a) entspricht dem Volumen des Quaders.
- Berechne in Teilaufgabe f im 1. Schritt die Länge a. Setze diese in die Gleichungen zur Berechnung der Oberfläche, Breite und Höhe ein.
- Nutze die allgemeinen Gleichungen und denke an die Abhängigkeit der Länge zum Oberflächeninhalt bzw. zum Volumen des Quaders.

5
- Achsensymmetrie zur y-Achse: $f(x) = f(-x)$
- Setze in die Funktionsgleichung ein.
- Bestimme den Schnittpunkt mit der x-Achse.
- Berechne den Schnittpunkt beider Graphen.

6
- Verwende den Zusammenhang zwischen Potenzieren und Radizieren.
- Beachte die Anzahl der Lösungen.
- Faktorisiere zuerst, wenn möglich.
- Eliminiere Klammern.

Lösung

1 a) ⏲ 2 Minuten, 🌐

$$\frac{c^3}{c^4+3c^4} = \frac{c^3}{4c^4} = \frac{1}{4c}$$

BE: 2

b) ⏲ 3 Minuten, 🌐🌐

$$\left(\frac{4a^5}{3b^2c^{-3}}\right) \cdot \left(\frac{9a^{-9}b^{-3}}{8c}\right) = \frac{4a^5 \cdot 9 \cdot c^3}{3b^2 \cdot 8c \cdot a^9 \cdot b^3} = \frac{3c^2}{2a^4b^5}$$

BE: 2

c) ⏲ 3 Minuten, 🌐🌐

$$\frac{(x+y)^5}{x^2+2xy+y^2} = \frac{(x+y)^5}{(x+y)^2} = (x+y)^3$$

BE: 2

d) ⏲ 3 Minuten, 🌐🌐

$$\frac{(x^3y^2)^3+y^6}{y^4} = \frac{x^9y^6+y^6}{y^4} = \frac{y^4(x^9y^2+y^2)}{y^4} = y^2x^9+y^2$$

BE: 2

2 ⏲ 9 Minuten, 🌐 / 🌐🌐

Abbildung	Funktion	Begründung	BE
C	f(x)	• nach oben geöffnet • S(0|0) • weiter als Schaubild D	2
D	g(x)	• nach oben geöffnet • S(0|0) • enger als Schaubild C	2
A	h(x)	• nach unten geöffnet • S(−2|−1)	2
E	i(x)	• nach oben geöffnet • S(2|0)	2
B	k(x)	• nach unten geöffnet • S(0|0)	2

3 a) 6 Minuten,

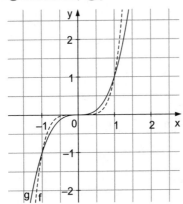
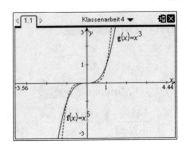

b) 4 Minuten,
Die Parabeln 3. bzw. 5. Ordnung unterscheiden sich hinsichtlich ihrer „Steilheit". Im Intervall $0 < x < 1$ liegen die Funktionswerte von f unterhalb derer von g. Erst nach dem Schnittpunkt $(1\,|\,1)$ liegen die Funktionswerte von f oberhalb von g.
Aus Symmetriegründen (Punktsymmetrie) ist der Verlauf der Funktionsgraphen für $x < 0$ genau umgekehrt.

c) 5 Minuten,

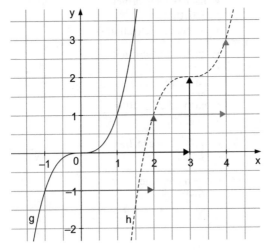

$h(x) = (x-3)^3 + 2$

d) ⏱ 6 Minuten,
In der Funktionenschar kommt der Parameter a an 2 Stellen vor:
- Klammerterm: a bewirkt eine Verschiebung in x-Richtung.
- Außerhalb: a bewirkt eine Verschiebung in y-Richtung.

Also:
$$f_a(x) = (x+a)^3 + a$$

Verschiebung in x-Richtung   Verschiebung in y-Richtung

4 a) ⏱ 2 Minuten,

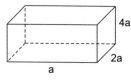

Es ist nur eine Skizze verlangt. Diese muss nicht maßstabsgetreu sein.

b) ⏱ 4 Minuten,
$O = 2 \cdot (ab + ac + bc)$
Mit $a = a$, $b = 2a$ und $c = 4a$ folgt:
$O = 2 \cdot (a \cdot 2a + a \cdot 4a + 2a \cdot 4a) = 2 \cdot (2a^2 + 4a^2 + 8a^2) = 2 \cdot 14a^2 = 28a^2$

c) ⏱ 3 Minuten,
$V = a \cdot b \cdot c = a \cdot 2a \cdot 4a = 8a^3$

d) ⏱ 5 Minuten,
Man fasse V als die Funktion $V(a) = 8a^3$ auf.

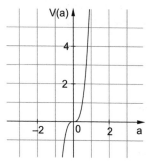
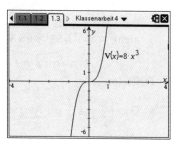

e) 🕐 3 Minuten, 🌐🌐
Zur Modellierung der Funktion V(a) kommen nur positive Werte a in Betracht, da hier ein geometrisches Problem als Ausgangspunkt gegeben ist. Hier macht ein negatives Ergebnis (für das Volumen), was dem Funktionswert entsprechen würde, keinen Sinn. 2

f) 🕐 5 Minuten, 🌐 / 🌐🌐

$V = 8 \cdot a^3$ \hspace{2em} durch 8 dividieren

$a^3 = \dfrac{V}{8}$ \hspace{2em} 3. Wurzel ziehen

$a = \sqrt[3]{\dfrac{V}{8}}$ \hspace{2em} gegebenen Wert für V einsetzen

$a = \sqrt[3]{\dfrac{216\ \text{dm}^3}{8}}$

$a = 3\ \text{dm}$ \hfill 2

$b = 2a = 2 \cdot 3\ \text{dm} = 6\ \text{dm}$ \hfill 1

$c = 4a = 4 \cdot 3\ \text{dm} = 12\ \text{dm}$ \hfill 1

$O = 28a^2 = 28 \cdot (3\ \text{dm})^2 = 252\ \text{dm}^2$ \hfill 2

g) 🕐 6 Minuten, 🌐🌐 / 🌐🌐🌐

Verdopplung

- Aus der Gleichung $O = 28a^2$ folgt, dass O proportional zu a^2 ist. Bei Verdopplung der Breite folgt eine Vervierfachung der Oberfläche. Aus $O = 28\underbrace{a^2}$ wird $O = 28 \cdot (2a)^2 = 4 \cdot 28a^2$. \hfill 2

  Veränderung um Faktor 4

- Aus der Gleichung $V = 8a^3$ folgt die Proportionalität von V und a^3. Bei Verdopplung der Breite folgt eine Verachtfachung des Volumens. Aus $V = 8\underbrace{a^3}$ wird $V = 8 \cdot (2a)^3 = 8 \cdot 8a^3$. \hfill 2

  Veränderung um Faktor 8

Drittelung

- O ist $\left(\dfrac{1}{3}\right)^2 = \dfrac{1}{9}$ der Ausgangsoberfläche. \hfill 1

- V ist $\left(\dfrac{1}{3}\right)^3 = \dfrac{1}{27}$ des Ausgangsvolumens. \hfill 1

5 ⏱ 13 Minuten, ⚫ / ⚫⚫

1. Aussage

$f(x) = f(-x)$

$x^{-2} = (-x)^{-2}$

$\dfrac{1}{x^2} = \dfrac{1}{(-x)^2}$ ✓ ⇒ **wahre** Aussage   3

2. Aussage

$g(0{,}1) = \dfrac{1}{0{,}1^3} = 1\,000$ ✓ ⇒ **wahre** Aussage   3

3. Aussage

$h(x) = 0$	
$8 - x^{-3} = 0$	8 subtrahieren
$-\dfrac{1}{x^3} = -8$	mit (-1) multiplizieren
$\dfrac{1}{x^3} = 8$	als Kehrbruch schreiben
$x^3 = \dfrac{1}{8}$	3. Wurzel ziehen
$x = \dfrac{1}{2}$ ✓ ⇒ **wahre** Aussage	

3

4. Aussage

$f(x) = g(x)$	
$\dfrac{1}{x^2} = \dfrac{1}{x^3}$	mit x^3 multiplizieren
$x = 1$	
$f(1) = 1$ ✓ ⇒ **wahre** Aussage	

3

5. Aussage

$g(x) = h(x)$	
$\dfrac{1}{x^3} = 8 - \dfrac{1}{x^3}$	$\dfrac{1}{x^3}$ addieren
$\dfrac{2}{x^3} = 8$	als Kehrbruch schreiben

$$\frac{x^3}{2} = \frac{1}{8}$$ mit 2 multiplizieren

$$x^3 = \frac{1}{4}$$ 3. Wurzel ziehen

$$x = \sqrt[3]{\frac{1}{4}}$$

$x = \sqrt[3]{\frac{1}{4}}$ ist eine eindeutige Lösung $\Rightarrow$ Es gibt 1 Schnittpunkt.

$\Rightarrow$ **falsche** Aussage

6 a) 🕐 1 Minute, 📖.
$$x^3 = -8 \quad \text{3. Wurzel ziehen}$$
$$x = -2$$
Lösungsmenge: $\mathbb{L} = \{-2\}$

b) 🕐 2 Minuten, 📖.
$$x^4 - 16 = 0 \quad \text{16 addieren}$$
$$x^4 = 16 \quad \text{4. Wurzel ziehen}$$
$\Rightarrow x_1 = 2$ oder $x_2 = -2$
Lösungsmenge: $\mathbb{L} = \{-2; 2\}$

c) 🕐 2 Minuten, 📖📖.
$$x^6 = x^4 \quad x^4 \text{ subtrahieren}$$
$$x^6 - x^4 = 0 \quad x^4 \text{ ausklammern}$$
$$x^4(x^2 - 1) = 0$$
$\Rightarrow x_1 = 0$ oder $x^2 - 1 = 0$
$$x^2 = 1$$
$$x_2 = 1 \quad \text{oder} \quad x_3 = -1$$
Lösungsmenge: $\mathbb{L} = \{-1; 0; 1\}$

d) 🕐 3 Minuten, 📖📖.
$$0{,}5 \cdot (x+1)^3 = 32 \quad \text{mit 2 multiplizieren}$$
$$(x+1)^3 = 64 \quad \text{3. Wurzel ziehen}$$
$$x + 1 = 4 \quad \text{1 subtrahieren}$$
$$x = 3$$
Lösungsmenge: $\mathbb{L} = \{3\}$

Klassenarbeit 5

BE

1 Gegeben sind die Funktionen $f(x) = \sqrt{x}$, $g(x) = \sqrt{x-2}$, $h(x) = \sqrt{x^2+1}$.
Kreuze an und begründe.

		wahr	falsch
1	$f(16) = 5$	☐	☐
2	Der Graph der Funktion f ist achsensymmetrisch zur y-Achse.	☐	☐
3	Die Definitionsmenge der Funktion g ist $D_g = \{x \in \mathbb{R} \mid x \geq 2\}$.	☐	☐
4	Der Graph von g schneidet die x-Achse an der Stelle $x = 2{,}5$.	☐	☐
5	Die Definitionsmenge der Funktion h ist $D_h = \{x \in \mathbb{R} \mid x > -1\}$.	☐	☐

11

2 Gegeben sind die Funktionen $f(x) = (x-2)^2 + 3$ und $g(x) = \sqrt{x-3} + 2$.

a) Skizziere f und g in ein gemeinsames Koordinatensystem. Benutze dazu den GTR und übertrage die Skizze in dein Heft. **3**

b) Berechne die Funktionswerte $f(4)$, $f(6)$, $g(7)$ und $g(19)$. Erläutere den Zusammenhang zwischen f und g anhand deiner Ergebnisse. **4**

c) Die Umkehrfunktion einer Parabel kann grafisch konstruiert werden, indem man den rechten Parabelast an der Geraden mit der Gleichung $y = x$ spiegelt.
Fertige eine Skizze der Funktion $h(x) = x^2 + 4$ an und konstruiere in deinem Koordinatensystem punktweise die Umkehrfunktion. Zeichne dazu auch die Spiegelachse ein und markiere zusammengehörige Punkte. **4**

d) Berechne die Umkehrfunktion von h. Beschreibe, wie du dein Ergebnis mit dem GTR kontrollieren kannst. **4**

3 Vereinfache die Terme schrittweise mithilfe der Wurzelgesetze.

a) $\dfrac{1}{\sqrt{3}} \cdot \sqrt{27}$ **2**

b) $\dfrac{\sqrt[3]{x^{-2}} \cdot \sqrt[3]{x^3}}{\sqrt[3]{x}}$ **3**

c) $\sqrt[3]{(a+b)^2} \cdot (a-b)^{\frac{2}{3}}$ 3

d) $\dfrac{\sqrt[8]{x^5}}{\sqrt{x} : \sqrt[4]{x}}$ 4

4 Beweise die folgende Formel mithilfe der Potenzgesetze. Gib bei jedem Schritt das benutzte Gesetz an.

$\sqrt[m]{\sqrt[n]{x}} = \sqrt[m \cdot n]{x}$ mit $x \geq 0$; m, n > 0; m und n natürliche Zahlen 3

5 Löse die folgenden Wurzelgleichungen und gib die Lösungsmenge an.
a) $\sqrt{4x+1} - 4 = x - 3$ 5
b) $x + 1 = \sqrt{x+13}$ 5
c) $\sqrt{x - 20} + x = 0$ 6
d) $\sqrt{-x+1} - \sqrt{1+3x} = -2\sqrt{x}$ 7

6 Die Schwingungsdauer T eines Fadenpendels ist abhängig von der Länge ℓ des Fadens. Die folgende Abbildung zeigt eine ganze Schwingung.

1. Bild   2. Bild   3. Bild   4. Bild   5. Bild

Start der Schwingung   halbe Schwingung   ganze Schwingung

Die folgende Tabelle zeigt einige Messwerte, die der Pendellänge ℓ die zugehörige Schwingungsdauer T zuordnen.

ℓ in m	0,1	0,2	0,5	0,8	1,0	1,2	1,5
T in s	0,59	0,92	1,43	1,78	1,99	2,21	2,43

a) Trage die Messwerte in ein geeignetes Koordinatensystem ein. Trage dabei die Pendellänge ℓ auf der x-Achse und die Schwingungsdauer T auf der y-Achse ab. Verbinde die Messwerte sinnvoll. 3

b) Begründe rechnerisch und mithilfe deiner Skizze, dass die Zuordnung $\ell \mapsto T(\ell)$ nicht durch eine lineare Funktion beschrieben werden kann. 5

c) Die Zuordnung $\ell \mapsto T(\ell)$ ist proportional zu $\sqrt{\ell}$.
   Bestimme den zugehörigen Proportionalitätsfaktor k mithilfe der obigen Tabelle möglichst genau. Überprüfe deine Skizze, indem du die Funktion $T(\ell) = k \cdot \sqrt{\ell}$ mithilfe des GTR skizzierst. Übertrage die Skizze in dein Heft. 5

d) Der Proportionalitätsfaktor k hat die Einheit $\sqrt{\frac{s^2}{m}}$.
   Zeige mithilfe der Wurzelgesetze, dass die Schwingungsdauer T die Einheit Sekunden [s] hat. 3

So lange habe ich gebraucht: _____ / 90 min

So viele BE habe ich erreicht: _____ / 80 BE

Note	1	2	3	4	5	6
BE	80 – 70	69 – 58	57 – 47	46 – 36	35 – 15	14 – 0

Hinweise und Tipps

1
- Achsensymmetrie kannst du auf vielerlei Arten überprüfen. Betrachte z. B. den Definitionsbereich oder nutze den GTR.
- Die Definitionsmenge besteht aus den x-Werten, die in die Funktion eingesetzt werden dürfen.
- Die Zahl unter der Wurzel darf nicht negativ sein.
- Die Nullstellen einer Funktion sind die Schnittstellen der Funktion mit der x-Achse.

2
- Beachte bei der Funktion g, dass du für x nicht alle Zahlen einsetzen darfst.
- Vergleiche jeweils die y-Werte von f mit den x-Werten von g und umgekehrt.
- Zeichne die Parabel und die Gerade in ein Koordinatensystem. Wähle nun einen Punkt auf der Parabel aus und spiegle diesen Punkt an der Geraden. Der Spiegelpunkt ist nun ein Punkt der Umkehrfunktion.
- Verfahre genauso mit weiteren Punkten.
- Beginne mit der Gleichung $y = x^2 + 4$ und forme sie nach x um.

3
- Ziehe teilweise die Wurzel.
- Fasse zuerst den Zähler oder den Nenner zusammen, ehe du kürzt.
- Forme bei Teilaufgabe c in einen Term ohne Wurzel um und vereinfache.
- Benutze die Potenzgesetze.

4
- Schreibe die linke und die rechte Seite der Formel zuerst ohne Wurzeln.
- Nutze die Potenzgesetze.

5
- Überlege, wie du umformen musst, um die Gleichung quadrieren zu können.
- Vergiss die Probe nicht!

6
- Überlege dir zuerst die Einteilung auf der x-Achse und auf der y-Achse. Verbinde die Messwerte ohne Ecken.
- Überprüfe, ob die Messwerte sinnvoll durch eine Gerade verbunden werden können. Beachte dabei mögliche Messungenauigkeiten.
- Hat die Division von T durch ℓ jeweils ein ähnliches Ergebnis?
- Dividiere jeweils T durch $\sqrt{\ell}$ und vergleiche die Ergebnisse.
- Forme den Term $k \cdot \sqrt{\ell}$ bzw. $\sqrt{\dfrac{s^2}{m}} \cdot \sqrt{m}$ geeignet um.

Lösung

BE

1 ⏲ 10 Minuten, ✏️ / ✏️📖

1. Aussage

$f(16) = \sqrt{16} = 4 \Rightarrow$ Die Behauptung ist **falsch**. 2

2. Aussage

Da in die Funktion f nur positive Zahlen für x eingesetzt werden dürfen, kann die Funktion nicht achsensymmetrisch verlaufen. Die Behauptung ist also **falsch**. 1

Bemerkung: Auch andere Argumentationen sind möglich.

3. Aussage

Der Term unter der Wurzel muss ≥ 0 sein.

$x - 2 \geq 0$

$\quad x \geq 2$ 1

Die Behauptung ist **richtig**. 1

4. Aussage

$g(x) = 0 \Leftrightarrow \sqrt{x-2} = 0$ 1

$\qquad\qquad\quad x - 2 = 0$

$\qquad\qquad\qquad\;\; x = 2$ 1

Die Behauptung ist also **falsch**. 1

5. Aussage

Da bei der Funktion h das x zunächst quadriert wird, ist dieser Teil immer ≥ 0. Da dann noch 1 addiert wird, ist der Term unterhalb der Wurzel immer ≥ 0. Für x dürfen also alle reellen Zahlen eingesetzt werden, $\mathbb{D}_h = \mathbb{R}$. 2

Die Behauptung ist **falsch**. 1

2 a) ⏲ 5 Minuten, ✏️.

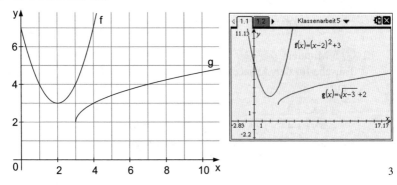

3

b) 🕒 5 Minuten, 🎯 / 🎯🎯

$f(4) = (4-2)^2 + 3 = 7$ 0,5

$f(6) = (6-2)^2 + 3 = 19$ 0,5

$g(7) = \sqrt{7-3} + 2 = 4$ 0,5

$g(19) = \sqrt{19-3} + 2 = 6$ 0,5

Die Funktion g macht die Rechnung der Funktion f wieder rückgängig. Setzt man beispielsweise die Zahl 4 in die Funktion f ein und das Ergebnis wiederum in die Funktion g, so erhält man wieder 4. 1
Die Funktionen sind Umkehrfunktionen zueinander. 1

c) 🕒 6 Minuten, 🎯🎯

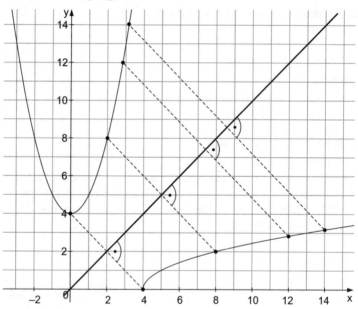

4

d) 🕒 5 Minuten, 🎯🎯

Tausche für den Ansatz x und y aus und löse die Gleichung dann nach y auf.

$y = x^2 + 4$ Vertauschen der beiden Variablen   1

$x = y^2 + 4$ 4 subtrahieren

$x - 4 = y^2$ Wurzel ziehen

$y = \sqrt{x-4}$ 1

Die Umkehrfunktion hat also die Gleichung:
$h^{-1}(x) = \sqrt{x-4}$

Belegt man im GTR die Funktion h mit Y1 und die Funktion h^{-1} mit Y2, so muss aufgrund der Eigenschaft der Umkehrbarkeit Y1(Y2(x)) grafisch die Winkelhalbierende ergeben.

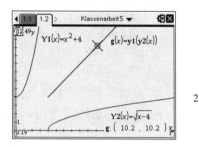

3 a) 🕐 2 Minuten, 📖.

$$\frac{1}{\sqrt{3}} \cdot \sqrt{27} = \frac{1}{\sqrt{3}} \cdot \sqrt{9 \cdot 3} = \frac{1}{\sqrt{3}} \cdot \sqrt{3} \cdot 3 = 3$$

b) 🕐 2 Minuten, 📖 / 📖📖.

$$\frac{\sqrt[3]{x^{-2}} \cdot \sqrt[3]{x^3}}{\sqrt[3]{x}} = \frac{x^{-\frac{2}{3}} \cdot x^{\frac{3}{3}}}{x^{\frac{1}{3}}} = \frac{x^{\frac{1}{3}}}{x^{\frac{1}{3}}} = 1$$

c) 🕐 3 Minuten, 📖📖.

$$\sqrt[3]{(a+b)^2} \cdot (a-b)^{\frac{2}{3}} = (a+b)^{\frac{2}{3}} \cdot (a-b)^{\frac{2}{3}} = ((a+b) \cdot (a-b))^{\frac{2}{3}}$$
$$= (a^2 - b^2)^{\frac{2}{3}} = \sqrt[3]{(a^2 - b^2)^2}$$

d) 🕐 3 Minuten, 📖📖 / 📖📖📖.

$$\frac{\sqrt[8]{x^5}}{\sqrt{x} : \sqrt[4]{x}} = \frac{x^{\frac{5}{8}}}{x^{\frac{1}{2}} : x^{\frac{1}{4}}} = \frac{x^{\frac{5}{8}}}{x^{\frac{1}{2} - \frac{1}{4}}} = \frac{x^{\frac{5}{8}}}{x^{\frac{1}{4}}} = x^{\frac{5}{8} - \frac{2}{8}} = x^{\frac{3}{8}} = \sqrt[8]{x^3}$$

4 🕐 5 Minuten, 📖📖.

$\sqrt[m]{\sqrt[n]{x}} = \left(x^{\frac{1}{n}}\right)^{\frac{1}{m}}$ Umwandeln in Potenzschreibweise

$= x^{\frac{1}{n} \cdot \frac{1}{m}}$ Potenzieren von Potenzen

$= x^{\frac{1}{nm}}$ Zusammenfassen

$= \sqrt[mn]{x}$ Umwandeln in Wurzelschreibweise

5 a) 🕐 5 Minuten, 🧠🧠

$\sqrt{4x+1} - 4 = x - 3$ 4 addieren

$\sqrt{4x+1} = x + 1$ Quadrieren

$4x + 1 = x^2 + 2x + 1$ alles auf 1 Seite bringen   1

$x^2 - 2x = 0$ Ausklammern

$x \cdot (x - 2) = 0$ 1

$\Rightarrow x_1 = 0$ oder $x_2 = 2$ 1

Probe: $x_1 = 0$: $\sqrt{4 \cdot 0 + 1} - 4 = 0 - 3$
$1 - 4 = -3$
$-3 = -3$ ✓   1

$x_2 = 2$: $\sqrt{4 \cdot 2 + 1} - 4 = 2 - 3$
$3 - 4 = -1$
$-1 = -1$ ✓   1

Lösungsmenge: $\mathbb{L} = \{0; 2\}$

b) 🕐 5 Minuten, 🧠🧠

$x + 1 = \sqrt{x + 13}$ Quadrieren

$x^2 + 2x + 1 = x + 13$ alles auf 1 Seite bringen   1

$x^2 + x - 12 = 0$ p-q-Formel mit p = 1 und q = –12

$x_{1/2} = -\dfrac{1}{2} \pm \sqrt{\dfrac{1}{4} + 12} = -\dfrac{1}{2} \pm \dfrac{7}{2}$ 1

$\Rightarrow x_1 = -4$ oder $x_2 = 3$ 1

Probe: $x_1 = -4$: $-4 + 1 = \sqrt{-4 + 13}$
$-3 = 3$ ↯   1

$x_2 = 3$: $3 + 1 = \sqrt{3 + 13}$
$4 = 4$ ✓   1

Lösungsmenge: $\mathbb{L} = \{3\}$

c) ⏱ 5 Minuten,

$$\sqrt{x} - 20 + x = 0$$ 20 addieren, x subtrahieren
$$\sqrt{x} = 20 - x$$ Quadrieren ... 1
$$x = (20-x)^2$$ Ausmultiplizieren ... 1
$$x = 400 - 40x + x^2$$ x subtrahieren
$$x^2 - 41x + 400 = 0$$ p-q-Formel mit $p = -41$, $q = 400$

$$x_{1/2} = 20{,}5 \pm \sqrt{20{,}5^2 - 400} = 20{,}5 \pm 4{,}5$$ ... 1

$\Rightarrow x_1 = 16$ oder $x_2 = 25$ ... 1

Probe: $x_1 = 16$: $\sqrt{16} - 20 + 16 = 0$
$4 - 20 + 16 = 0$
$0 = 0$ ✓ ... 1

$x_2 = 25$: $\sqrt{25} - 20 + 25 = 0$
$-15 + 25 = 0$ ↯ ... 1

Lösungsmenge: $\mathbb{L} = \{16\}$

d) ⏱ 8 Minuten,

$$\sqrt{-x+1} - \sqrt{1+3x} = -2\sqrt{x}$$ Quadrieren

$$(-x+1) - 2\sqrt{(-x+1)\cdot(1+3x)} + (1+3x) = 4x$$ Zusammenfassen ... 1

$$2x + 2 - 2\sqrt{(-x+1)\cdot(1+3x)} = 4x$$

$$-2\sqrt{(-x+1)\cdot(1+3x)} = 2x - 2$$ Quadrieren

$$4((-x+1)\cdot(1+3x)) = (2x-2)^2$$ Ausmultiplizieren ... 1

$$4(-x - 3x^2 + 1 + 3x) = 4x^2 - 8x + 4$$ Klammern auflösen

$$-12x^2 + 8x + 4 = 4x^2 - 8x + 4$$ alles auf 1 Seite ... 1

$$-16x^2 + 16x = 0$$ Ausklammern

$$-16x(x-1) = 0$$

$\Rightarrow x_1 = 0$ oder $x_2 = 1$ ... 1

Probe: $x_1 = 0$: $\sqrt{1} - \sqrt{1} = 0$
$0 = 0$ ✓ ... 1

$x_2 = 1$: $\sqrt{0} - \sqrt{4} = -2\sqrt{1}$
$-2 = -2$ ✓ ... 1

Lösungsmenge: $\mathbb{L} = \{0; 1\}$

6 a) 🕐 5 Minuten,

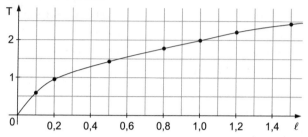

b) 🕐 5 Minuten, 👁️ / 👁️👁️
Grafische Begründung
Die Punkte liegen, auch bei Beachtung von Messungenauigkeiten, nicht auf einer Geraden.

Rechnerische Begründung
Bei einer linearen Funktion ändert sich der y-Wert bei gleicher Veränderung des x-Werts um den gleichen Summanden. Dies ist hier nicht der Fall.
Beispiel: $\ell = 0{,}2$ zu $\ell = 0{,}5$: Änderung um 0,3
 $T = 0{,}92$ zu $T = 1{,}43$: Änderung um 0,51
 aber:
 $\ell = 1{,}2$ zu $\ell = 1{,}5$: Änderung um 0,3
 $T = 2{,}21$ zu $T = 2{,}43$: Änderung um 0,22
$\Big\}\neq$
Also nicht linear.

c) 🕐 8 Minuten, 👁️👁️

Es gilt: $k = \dfrac{T}{\sqrt{\ell}}$

Die verschiedenen Werte für k aus der Tabelle sind:

$k_1 = \dfrac{0{,}59}{\sqrt{0{,}1}} \approx 1{,}87$ $\qquad$ $k_2 = \dfrac{0{,}92}{\sqrt{0{,}2}} \approx 2{,}06$

$k_3 = \dfrac{1{,}43}{\sqrt{0{,}5}} \approx 2{,}02$ $\qquad$ $k_4 = \dfrac{1{,}78}{\sqrt{0{,}8}} \approx 1{,}99$

$k_5 = \dfrac{1{,}99}{\sqrt{1}} = 1{,}99$ $\qquad$ $k_6 = \dfrac{2{,}21}{\sqrt{1{,}2}} \approx 2{,}02$

$k_7 = \dfrac{2{,}43}{\sqrt{1{,}5}} \approx 1{,}98$

Nun kann der Mittelwert dieser k-Werte gebildet werden, um die
Messungenauigkeiten zu berücksichtigen.

$$k \approx \frac{2{,}06 + 2{,}02 + 1{,}99 + 1{,}99 + 2{,}02 + 1{,}98 + 1{,}87}{7} = 1{,}99$$

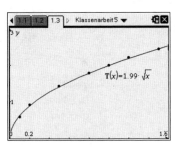

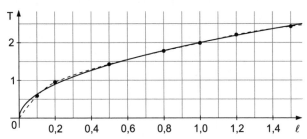

d) 🕒 3 Minuten, 🧠 / 🧠🔍

$$T(\ell) = k \cdot \ell$$

Einheit $\sqrt{\frac{s^2}{m}}$ Einheit $\sqrt{m}$

Es gilt daher:

$$\sqrt{\frac{s^2}{m}} \cdot \sqrt{m} = \sqrt{\frac{s^2}{m} \cdot m} = \sqrt{s^2} = s$$

Also hat T die Einheit [s].

Klassenarbeit 6

1 Berechne jeweils die fehlenden Winkel und Seitenlängen.

a = 5 cm
α = 35°

b = 6 cm
a = 4 cm

γ = 30°
h_b = 4 cm
c = 7 cm

2 a) Begründe mithilfe des Einheitskreises, dass sowohl sin α als auch cos α für 180° < α < 270° negativ sind.

b) Skizziere die Funktion f mit f(x) = cos x für 0 ≤ x ≤ 2π. Erläutere ausführlich den Verlauf des Graphen anhand des Einheitskreises.

c) i) Begründe, auch anhand der nebenstehenden Skizze, dass a = tan α gilt.

ii) Erläutere das Verhalten von tan α, wenn α sich 90° nähert.

iii) Einer der drei unten abgebildeten Graphen zeigt einen Teil der Funktion f mit f(α) = tan α. Ordne den richtigen Graphen der Funktion zu. Begründe deine Zuordnung für alle drei Graphen.

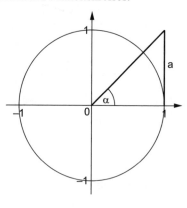

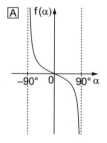 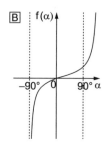 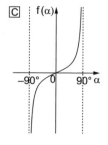

3 Ordne den Graphen 1 bis 4 die passenden Funktionsgleichungen zu und begründe deine Zuordnung.

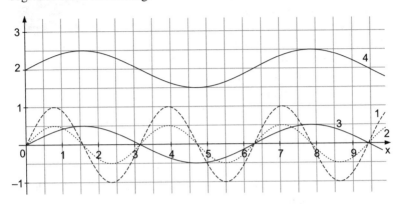

$f(x) = \sin(2x)$ $g(x) = \frac{1}{2}\sin x + 2$ $h(x) = \frac{1}{2}\sin(2x)$ $i(x) = \frac{1}{2}\sin x$ 8

4 Gegeben ist eine Funktion f mit $f(x) = a \cdot \sin(bx) + c$.

a) Es sei $b = 1$ und $c = 0$. a wächst von 0,5 schrittweise bis zum Wert 2. Beschreibe das Verhalten der Funktion bei dieser Veränderung des Parameters a. Benutze dazu den GTR. Übertrage Skizzen, die du zur Begründung nutzt, in dein Heft.   3

b) Es sei $a = 1$ und $b = 1$. Welchen Einfluss hat der Parameter c auf den Graphen der Funktion, wenn er schrittweise von -2 bis 2 wächst?   3

c) Es sei $a = 1$ und $c = 0$. Skizziere die Graphen der Funktionen für $b = 0{,}5$, $b = 1$ und $b = 2$ in einem gemeinsamen Koordinatensystem. Zeichne im Intervall $0 \leq x \leq 4\pi$. Benutze dazu auch den GTR. Bestimme die Perioden der drei Graphen.   6

d) Alle drei Funktionen aus Teilaufgabe c schneiden die x-Achse bei $x = 2\pi$. Formuliere eine Gleichung zur Berechnung der Periode in Abhängigkeit des Parameters b und kontrolliere sie anhand des Beispiels der drei Graphen aus Teilaufgabe c.   3

5 Wenn eine Jugendliche schläft, atmet sie kontinuierlich ein und aus. In einem Schlaflabor wird sie eine Nacht überwacht. Dabei wird ihr Lungenvolumen V in Abhängigkeit von der Zeit t gemessen.

a) Die folgende Tabelle zeigt einige Daten dieser Messung.

t in s	2	4	7	12	18	22	26	30
V(t) in ℓ	6,4	6,4	3,1	3,1	5,2	0,9	5,2	5,8

Trage die Messwerte in ein geeignetes Koordinatensystem ein. 2

b) Die Leiterin des Labors schlägt die folgende Funktion zur Modellierung des Lungenvolumens vor:
$V(t) = 3 \cdot \sin(0{,}5t) + 3{,}8$
Zeichne den Graphen von V in das Koordinatensystem aus Teil a im Intervall $0 \leq t \leq 30$. 3

c) Vergleiche die Lage der Messwerte und die des Graphen und erläutere mögliche Gründe für Abweichungen. 3

d) Die Wissenschaftler suchen den Zeitpunkt, bei dem die Lunge zum ersten Mal während der Untersuchung das größte Volumen aufgenommen hat. Bestimme mithilfe des GTR diesen Zeitpunkt möglichst exakt. Gib auch das Volumen an. Verfahre ebenso mit dem ersten minimalen Lungenvolumen. 2

e) Beschreibe den Verlauf des Graphen im Zeitraum zwischen 2 s und 10 s im Sachzusammenhang. 4

f) Bestimme näherungsweise die Zeitpunkte zwischen 0 s und 30 s, in denen das Lungenvolumen 6 ℓ beträgt. Ergänze die Punkte in deiner Skizze. Bestimme den ersten Zeitpunkt auch rechnerisch exakt. 8

So lange habe ich gebraucht: _____ / 90 min

So viele BE habe ich erreicht: _____ / 83 BE

Note	1	2	3	4	5	6
BE	83 – 73	72 – 61	60 – 49	48 – 37	36 – 15	14 – 0

Hinweise und Tipps

1
- Die ersten beiden Dreiecke sind rechtwinklig. Das rechte Dreieck wird durch die Höhe in zwei rechtwinklige Teildreiecke zerlegt.
- Wende zur Berechnung trigonometrische Beziehungen an.
- Denke an den Innenwinkelsatz und den Satz des Pythagoras.

2
- Zeichne ein Dreieck in den III. Quadranten ein und überprüfe die Aussage mithilfe der Lage der Katheten im Koordinatensystem.
- Mache Aussagen zum Monotonieverhalten, zu größten und kleinsten Werten und zu Nullstellen der Funktion. Gehe dabei von der Zeichnung aus.
- Ergänze die Skizze, indem du ein rechtwinkliges Dreieck noch so in den Kreis zeichnest, dass sich dabei eine Strahlensatzfigur ergibt.
- Nutze den zweiten Strahlensatz.
- Denke an die Definition des Tangens und überlege, wie sich die Seitenverhältnisse bei größer werdenden Winkeln α verändern.

3 Überlege, welche Veränderungen im Kurvenverlauf das Variieren der Parameter a, b und c in der Funktion f mit $f(x) = a \cdot \sin(bx) + c$ verursacht:
a → Streckung bzw. Stauchung in y-Richtung
b → Streckung bzw. Stauchung in x-Richtung
c → Verschiebung der Funktion in y-Richtung

4
- Der Parameter a in $f(x) = a \cdot \sin(x)$ streckt/staucht den Graphen in y-Richtung.
- Der Parameter c in $f(x) = \sin(x) + c$ verschiebt den Graphen nach oben/unten.
- Der Parameter b in $f(x) = \sin(bx)$ hat Einfluss auf die Periode. Überlege dabei, welcher Bereich einer Periode entspricht.

5
- Die Atmung ist ein immer wiederkehrender, also periodischer Vorgang.
- Nutze den GTR. Beachte den Maßstab.
- Gehe auf evtl. auftretende Messungenauigkeiten und die Regelmäßigkeit der Atmung ein.
- Nutze den GTR und lass dir die Extrempunkte berechnen.
- Beschreibe durch geeignete Zeitintervalle das Ein- und Ausatmen sowie größtes bzw. kleinstes Lungenvolumen.
- Lies die zum Volumen von 6 ℓ gehörenden Funktionswerte näherungsweise ab.
- Setze in die trigonometrische Gleichung ein und löse sie nach t auf.

Lösung

1 a) 🕒 3 Minuten,

Seite b: $\sin\alpha = \dfrac{a}{b} \Rightarrow b = \dfrac{a}{\sin\alpha} = \dfrac{5\,\text{cm}}{\sin 35°} \approx 8{,}7\,\text{cm}$

Winkel γ: $\gamma = 180° - (\alpha + \beta) = 180° - (35° + 90°) = 55°$

Seite c: $b^2 = a^2 + c^2 \Rightarrow c = \sqrt{b^2 - a^2} \approx 7{,}1\,\text{cm}$

b) 🕒 4 Minuten,

Seite c: $c = \sqrt{a^2 + b^2} = \sqrt{(4\,\text{cm})^2 + (6\,\text{cm})^2} = 2\sqrt{13}\,\text{cm} \approx 7{,}2\,\text{cm}$

Winkel α: $\sin\alpha = \dfrac{a}{c} = \dfrac{4\,\text{cm}}{2\sqrt{13}\,\text{cm}} \Rightarrow \alpha \approx 33{,}69°$

Winkel β: $\beta = 180° - (\alpha + \gamma) = 180° - (33{,}69° + 90°) = 56{,}31°$

c) 🕒 5 Minuten,

Seite a: $\sin\gamma = \dfrac{h_b}{a} \Rightarrow a = \dfrac{h_b}{\sin\gamma} = \dfrac{4\,\text{cm}}{\sin 30°} = 8\,\text{cm}$

Winkel α: $\dfrac{a}{c} = \dfrac{\sin\alpha}{\sin\gamma} \Rightarrow \sin\alpha = \dfrac{a}{c} \cdot \sin\gamma = \dfrac{8}{7} \cdot \sin 30° \Rightarrow \alpha \approx 34{,}85°$

Winkel β: $\beta = 180° - (\alpha + \gamma) = 180° - (34{,}85° + 30°) = 115{,}15°$

Seite b: $\dfrac{b}{\sin\beta} = \dfrac{a}{\sin\alpha} \Rightarrow b = \dfrac{a \cdot \sin\beta}{\sin\alpha} = \dfrac{8\,\text{cm} \cdot \sin 115{,}15°}{\sin 34{,}85°} \approx 12{,}7\,\text{cm}$

BE

2

2

2

2

2

2

2

2

2

2

2 a) 🕒 3 Minuten,

Man sieht am Einheitskreis, dass die Koordinaten des Punktes P beide im negativen Bereich liegen. Im Intervall $180° < \alpha < 270°$ sind sowohl $\sin\alpha$ als auch $\cos\alpha$ kleiner 0 (siehe Abbildung).

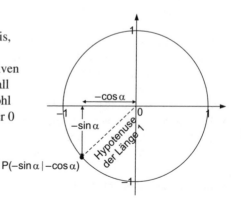

3

b) 🕐 6 Minuten, ✏️ / ✏️📐

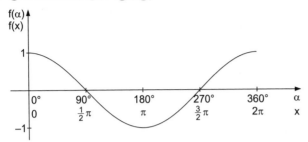

Für x = 0 ist der Funktionswert 1. Im Einheitskreis ist auch gut zu erkennen, dass bei keinem Winkel ($\alpha = 0°$ oder x = 0) die „Ankathete" maximale Länge hat. Mit Zunahme von x werden die Funktionswerte immer kleiner (die Funktion ist im Intervall $0 \leq x \leq \pi$ streng monoton fallend).
Bei $x = \pi$ ist der Funktionswert −1. Dann wächst die Funktion wieder bis $x = 2\pi$.
Im gesamten vorgegebenen Intervall besitzt die Funktion zwei Nullstellen ($x_1 = \frac{1}{2}\pi$ und $x_2 = \frac{3}{2}\pi$). Dort findet man im „Einheitskreisdreieck" auch keine Ankathete.

c) 🕐 10 Minuten, ✏️📐

Teil i
Ergänze das Bild so, dass eine 2. Strahlensatzfigur zu erkennen ist.
Nach dem 2. Strahlensatz gilt:
$$\frac{a}{1} = \frac{\sin\alpha}{\cos\alpha} \Rightarrow a = \frac{\sin\alpha}{\cos\alpha} = \tan\alpha$$

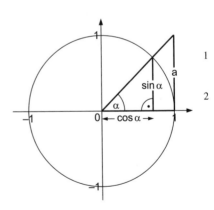

Teil ii
Wenn α gegen 90° geht, dann wird die Strecke a immer länger bzw. $\tan\alpha$ immer größer, er strebt ins Unendliche. Für 90° gibt es keinen Schnittpunkt, der Tangens ist dort nicht definiert.

Alternativ:
Nach Definition gilt $\tan\alpha = \frac{\sin\alpha}{\cos\alpha}$. Für $\alpha \to 90°$ strebt $\sin\alpha \to 1$ und $\cos\alpha \to 0$, daher $\tan\alpha \to \infty$.

Teil iii
- Der richtige Graph ist C, weil nur hier ein richtiges Verhalten an den Definitionslücken vorliegt und der Graph streng monoton steigend ist. 2
- A ist falsch, weil der Graph der Funktion streng monoton fallend ist. 1
- B ist falsch, weil es einen Funktionswert für $\alpha = 90°$ gibt. 1

3 ⏲ 10 Minuten,

Graph	Funktionsgleichung	Begründung	
1	$f(x) = \sin(2x)$	• Die Funktionswerte liegen zwischen 1 und −1. • Periode ist kürzer als bei $\sin(x)$.	2
2	$h(x) = \frac{1}{2}\sin(2x)$	• Die Funktionswerte liegen zwischen 0,5 und −0,5. • Periode ist kürzer als bei $\sin(x)$.	2
3	$i(x) = \frac{1}{2}\sin x$	• Die Funktionswerte liegen zwischen 0,5 und −0,5. • Periode ist wie bei $\sin(x)$.	2
4	$g(x) = \frac{1}{2}\sin x + 2$	• Die Funktionswerte liegen zwischen 2,5 und 1,5. • Periode ist wie bei $\sin(x)$. • Der Graph ist von $\sin(x)$ ausgehend um 2 Einheiten in y-Richtung verschoben.	2

4 a) ⏲ 6 Minuten,

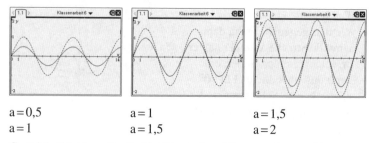

a = 0,5   a = 1   a = 1,5
a = 1   a = 1,5   a = 2

Gestrichelt ist jeweils die Funktion mit größerem a dargestellt.

Es ist gut zu erkennen, dass bei allen vier Graphen die Periode gleich ist, d. h., der Faktor a hat auf sie keinen Einfluss. Mit Zunahme des Wertes a werden aber auch die Funktionswerte größer. Gleichzeitig ist an den Graphen leicht der maximale bzw. kleinste Wert ablesbar. Dieser stimmt mit dem Faktor a überein. a macht daher eine Aussage über die Amplitude.

3

b) ⏲ 4 Minuten,

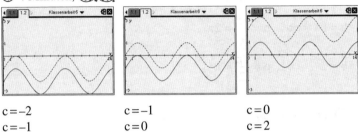

c = −2   c = −1   c = 0
c = −1   c = 0   c = 2

Gestrichelt ist jeweils die Funktion mit größerem c dargestellt.

Der Parameter c ist für die Verschiebung des Graphen der Funktion in Richtung der y-Achse verantwortlich. Je größer c ist, desto weiter ist der Graph nach oben verschoben.

3

c) ⏲ 6 Minuten,

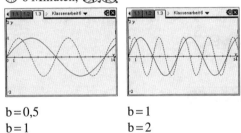

b = 0,5   b = 1
b = 1   b = 2

Gestrichelt ist jeweils die Funktion mit größerem b dargestellt.

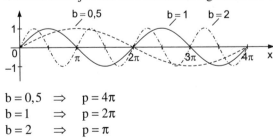

3

b = 0,5 ⇒ p = 4π   1
b = 1   ⇒ p = 2π   1
b = 2   ⇒ p = π   1

d) 🕐 4 Minuten, 🌐🌐🌐.
Allgemeine Gleichung für die Periode:

$$p = \frac{2\pi}{b}$$

Kontrolle der Ergebnisse:

$b = 0{,}5 \Rightarrow p = \frac{2\pi}{0{,}5} = 4\pi$ \hfill 1

$b = 1 \Rightarrow p = \frac{2\pi}{1} = 2\pi$ \hfill 1

$b = 2 \Rightarrow p = \frac{2\pi}{2} = \pi$ \hfill 1

5 a) 🕐 5 Minuten, 🌐,

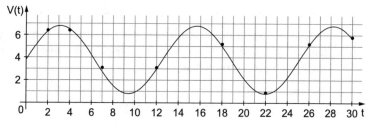

\hfill 2

b) 🕐 4 Minuten, 🌐 / 🌐🌐
siehe Teilaufgabe a \hfill 3

GTR:

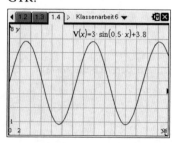

c) ⏱ 4 Minuten,
Das Atmen ist ein periodischer Vorgang und lässt sich gut mit der Sinusfunktion beschreiben. Abweichungen vom Graphen aus Teil b können zum einen durch Messungenauigkeiten verursacht werden, zum anderen durch kleine Unregelmäßigkeiten in der Atmung.
Da der Funktionsterm im Labor der Realsituation angepasst wird, sind Abweichungen eher klein und die Messergebnisse und der angegebene Funktionsterm passen hier sehr gut zusammen.

d) ⏱ 4 Minuten,

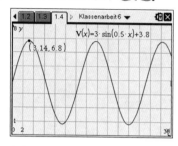 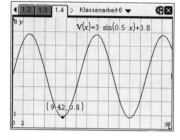

1. Maximum:
Zeitpunkt t ≈ 3,14 s
Volumen V(3,14) ≈ 6,8 ℓ

1. Minimum:
Zeitpunkt t ≈ 9,42 s
Volumen V(9,42) ≈ 0,8 ℓ

e) ⏱ 4 Minuten,
Von 2 s bis 3,14 s wird noch eingeatmet. Zum Zeitpunkt t = 3,14 s ist komplett eingeatmet und ein Lungenvolumen von 6,8 ℓ erreicht. Dann beginnt das Ausatmen. Dieses dauert 6,28 s bis zum Zeitpunkt t = 9,42 s. Dort ist das Lungenvolumen am kleinsten mit 0,8 ℓ. Dann setzt das Einatmen wieder ein. Zum Zeitpunkt t = 10 s ist ungefähr 1 ℓ Luft in der Lunge.

f) ⏱ 8 Minuten,

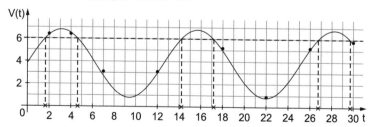

Schnittpunkte näherungsweise:
- 1. Schnittpunkt (1,6|6)
- 2. Schnittpunkt (4,6|6)
- 3. Schnittpunkt (14,2|6)
- 4. Schnittpunkt (17,1|6)
- 5. Schnittpunkt (26,8|6)
- 6. Schnittpunkt (29,8|6)

1. Schnittpunkt mit GTR zur Kontrolle:

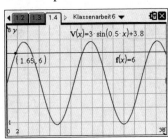

Rechnerische Lösung:

$V(t) = 6$

$6 = 3\sin(0,5t) + 3,8$ 3,8 subtrahieren

$2,2 = 3\sin(0,5t)$ durch 3 dividieren

$\dfrac{22}{30} = \sin(0,5t)$ Umkehrfunktion anwenden und mit 2 multiplizieren

$t = 2\sin^{-1}\left(\dfrac{22}{30}\right)$

$t \approx 1,65$

Nach 1,65 s ist zum 1. Mal das Lungenvolumen 6 ℓ groß.

Klassenarbeiten zum Themenbereich 3
- **Exponentielles Wachstum**
- **Logarithmen**

Klassenarbeit 7

BE

1 Ordne den Graphen die passenden Funktionsgleichungen zu und begründe deine Zuordnung.

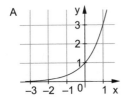 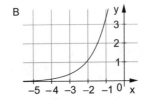

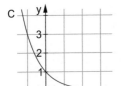 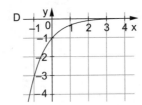

16

2 Von dem Graphen der Funktion f mit $f(x) = b \cdot a^x$ mit $a > 0$ sind zwei Punkte gegeben. Bestimme jeweils die Funktionsgleichung und skizziere beide Graphen im selben Koordinatensystem.

a) $A(2|20)$ und $B(3|40)$ 7

b) $C(1|4)$ und $D(3|1)$ 7

3 Das Wachstum einer Bakterienkultur ist exponentiell.

a) Welche der folgenden Tabellen zeigt die Bakterienanzahl in Abhängigkeit von der Zeit? Begründe deine Antwort und erläutere, welche Art Wachstum bei der anderen Tabelle vorliegt.

Tabelle A

Zeit	0	1	2	3
Anzahl	4	8	16	32

Tabelle B

Zeit	0	1	2	3
Anzahl	4	8	12	16

4

b) Bestimme für beide Tabellen die jeweils zugehörige Funktionsgleichung.

8

c) Zeichne die beiden Funktionsgraphen in ein Koordinatensystem. Nutze dazu den GTR und übertrage die Skizze in dein Heft. 4

d) Nach wie vielen Zeiteinheiten sind 4 096 Bakterien vorhanden? 2

e) Die Funktion f sei die Funktion, die das Bakterienwachstum beschreibt. Erläutere die Funktionswerte f(–1) und f(–3) im Sachzusammenhang. 4

4 Gegeben sind die beiden Punkte A(0|0,5) und B(1|1). Die drei Funktionsgraphen der Funktionen f, g und h sollen jeweils durch die beiden Punkte verlaufen. Die allgemeinen Gleichungen der Funktionen lauten:
$f(x) = ax^2 + e$; $g(x) = b \cdot c^x$; $h(x) = mx + b$

a) Bestimme jeweils die zugehörige Funktionsgleichung. 9

b) Zeichne die drei Funktionen für $-2 \leq x \leq 2$ in ein gemeinsames Koordinatensystem. Nutze den GTR und beschrifte die Graphen passend. 6

c) Begründe, warum die Graphen von f und g zwischen $x = 4$ und $x = 5$ einen weiteren gemeinsamen Punkt besitzen. 3

d) Begründe, warum der Graph von h weder mit f noch mit g für $x > 1$ einen weiteren gemeinsamen Punkt hat. 3

So lange habe ich gebraucht: _____ / 70 min

So viele BE habe ich erreicht: _____ / 73 BE

Note	1	2	3	4	5	6
BE	73 – 64	63 – 54	53 – 43	42 – 33	32 – 13	12 – 0

Hinweise und Tipps

1 Achte auf:
- Achsenschnittpunkte
- Monotonieverhalten

2
- Setze die Punkte in die allgemeine Funktionsgleichung ein.
- Löse das sich ergebende Gleichungssystem durch das Einsetzungsverfahren.

3
- Vergleiche die sich verändernden Funktionswerte (Anzahl) in beiden Tabellen zu jeweils gleichen Zeitabschnitten.
- Setze Wertepaare in die allgemeinen Gleichungen für lineares Wachstum ($f(x) = mx + b$) und exponentielles Wachstum ($f(x) = b \cdot a^x$) ein.
- Nutze den GTR und übertrage den Graphenverlauf.
- Den gesuchten Zeitraum kannst du mit dem GTR auf zwei Arten bestimmen: entweder numerisch oder grafisch.
- Negative Werte für t heißt im Sachzusammenhang „vor Beobachtungsbeginn".

4
- Setze die gegebenen Punkte nacheinander in die allgemeinen Funktionsgleichungen ein. Löse dann jeweils das sich ergebende Gleichungssystem. Bei linearen Gleichungen kannst du den GTR nutzen.
- Nutze den GTR und übertrage den Graphenverlauf.
- Beachte die Unterschiede im Steigungsverhalten. Hier liegen quadratische und exponentielle Funktionen vor. Bei passendem Maßstab kann auch der GTR zur Begründung genutzt werden.
- Vergleiche das Steigungsverhalten einer linearen Funktion mit dem der beiden anderen Funktionsklassen.

Lösung

1 ⏰ 15 Minuten,

BE

Funktionsgleichung	Schaubild	Begründung	
$f(x) = 10 \cdot 3^x$	B	• Schnittpunkt mit y-Achse: P(0|10) • monoton wachsende Funktion • Kurve geht durch den Punkt $P\left(-1 \mid \frac{10}{3}\right)$	4
$g(x) = -\left(\frac{1}{3}\right)^x$	D	• Schnittpunkt mit y-Achse: P(0|−1) • monoton wachsende Funktion • für $x \to +\infty \Rightarrow f(x) \to 0$ • Kurve geht durch den Punkt $P\left(1 \mid -\frac{1}{3}\right)$	4
$h(x) = 3^x$	A	• Schnittpunkt mit y-Achse: P(0|1) • monoton wachsende Funktion • Kurve geht durch den Punkt P(1|3)	4
$k(x) = \left(\frac{1}{3}\right)^x$	C	• Schnittpunkt mit y-Achse: P(0|1) • monoton fallende Funktion • Kurve geht durch den Punkt $P\left(1 \mid \frac{1}{3}\right)$	4

2 a) ⏰ 6 Minuten,

Einsetzen der Punkte:

I: $20 = b \cdot a^2$ 1

II: $40 = b \cdot a^3$ 1

Aus I folgt: $b = \dfrac{20}{a^2}$

$40 = \dfrac{20}{a^2} \cdot a^{\cancel{3}\,1}$ $\quad |:20 \qquad$ Einsetzen von I in II

$a = 2$ 1

$b = \dfrac{20}{2^2} = 5 \qquad$ Einsetzen von a in I   1

$\Rightarrow f(x) = 5 \cdot 2^x$ 1

b) 🕐 6 Minuten, 🌐🌐

Einsetzen der Punkte:

I: $4 = b \cdot a^1$ 1

II: $1 = b \cdot a^3$ 1

Aus I folgt: $b = \dfrac{4}{a}$

$1 = \dfrac{4}{\cancel{a}} \cdot a^{\cancel{3}\,2} \quad |:4$ Einsetzen von I in II

$a^2 = \dfrac{1}{4}$

$a = \dfrac{1}{2}$ $a = -\dfrac{1}{2}$ kommt wegen $a > 0$ nicht infrage!   1

$b = \dfrac{4}{\frac{1}{2}} = 8$ Einsetzen von a in I   1

$\Rightarrow\; g(x) = 8 \cdot \left(\dfrac{1}{2}\right)^x$ 1

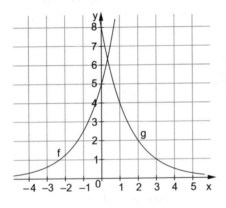 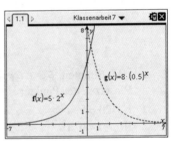

    4

3 a) 🕐 4 Minuten, 🌐🌐

In Tabelle A liegt exponentielles Wachstum vor. Dies ist an der Verdopplung der Funktionswerte (Anzahl) je Zeitschritt zu erkennen. In Tabelle B dagegen kommt je Zeitschritt immer konstant die gleiche Anzahl hinzu (stets 4). Bei dieser Zuordnung handelt es sich deshalb um lineares Wachstum.

    4

b) 🕐 5 Minuten, 📚📖
   Tabelle A
   Aus der Tabelle werden zwei Wertepaare entnommen und in die allgemeine Funktionsgleichung für exponentielles Wachstum $f(x) = b \cdot a^x$ eingesetzt.

   Wertepaar: $(0|4)$
   $4 = b \cdot a^0 \quad \Rightarrow \quad b = 4$ 1

   Wertepaar: $(1|8)$
   $8 = b \cdot a^1 \quad \overset{\text{mit } b=4}{\Rightarrow} \quad 8 = 4a \quad \Rightarrow \quad a = 2$ 1

   Also: $f(x) = 4 \cdot 2^x$ 2

   Tabelle B
   Aus der Tabelle werden zwei Wertepaare entnommen und in die allgemeine Funktionsgleichung für lineares Wachstum $g(x) = mx + b$ eingesetzt.

   Wertepaar: $(0|4)$
   $4 = m \cdot 0 + b \quad \Rightarrow \quad b = 4$ 1

   Wertepaar: $(1|8)$
   $8 = m \cdot 1 + b \quad \overset{\text{mit } b=4}{\Rightarrow} \quad 8 = m + 4 \quad \Rightarrow \quad m = 4$ 1

   Also: $g(x) = 4x + 4$ 2

c) 🕐 6 Minuten, 📖 / 📚📖

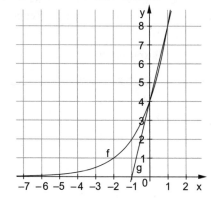
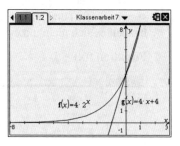

    4

d) 3 Minuten,
GTR – Möglichkeit 1:   GTR – Möglichkeit 2:

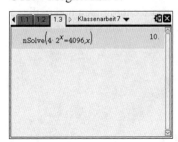
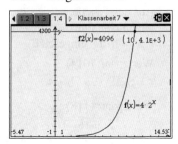

Nach 10 Zeiteinheiten hat man 4 096 Bakterien.   2

e) 4 Minuten,
Die Funktionswerte f(–1) und
f(–3) stehen für die Bakterienanzahl von 1 bzw. 3 Zeitschritten
vor Beobachtungsbeginn.   2
Da der Wert f(–3) nicht ganzzah-
lig ist, macht er im Sachzusammenhang wenig Sinn, weil es
keine halben Bakterien gibt.   2

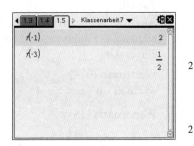

4 a) 7 Minuten,
Die gegebenen Punkte A und B werden jeweils in die allgemeinen
Funktionsgleichungen eingesetzt. Das entstehende lineare Gleichungssystem für f(x) und h(x) wird mit dem GTR gelöst. Vorsicht: Bei g(x)
handelt es sich nicht um eine lineare Gleichung!

Funktion f(x)   **Funktion h(x)**

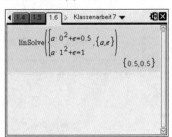
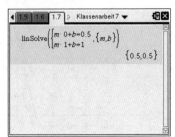

                                                                   4

$\Rightarrow \; f(x) = 0{,}5x^2 + 0{,}5$ $\Rightarrow \; h(x) = 0{,}5x + 0{,}5$ 2

Funktion g(x)

$0,5 = b \cdot c^0 \;\Rightarrow\; b = 0,5$

$1 = b \cdot c^1$

$1 = 0,5 \cdot c^1 \;\Rightarrow\; c = 2$

$\Rightarrow\; g(x) = 0,5 \cdot 2^x$

b) ⏱ 6 Minuten, 🖊/🖊📚

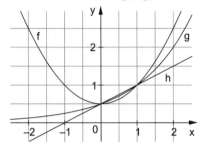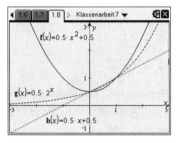

c) ⏱ 4 Minuten, 🖊📚🖊.
Da die Exponentialfunktion g(x) für große x-Werte stärker steigt als die quadratische Funktion f(x), muss es noch einen weiteren Schnittpunkt für $x > 1$ geben.

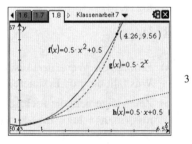

d) ⏱ 4 Minuten, 🖊📚
Es gibt keinen weiteren Schnittpunkt, da die lineare Funktion am schwächsten wächst und für $x > 1$ stets unterhalb der anderen beiden Funktionsgraphen verläuft. Dies ist im Schaubild sehr gut zu erkennen.

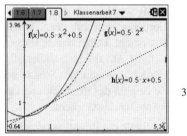

Klassenarbeit 8

BE

1 Löse die folgenden Gleichungen ohne den Taschenrechner. Gib jeweils erläuternde Zwischenschritte an.

a) $5^x = 125$ 2

b) $3^x = \dfrac{1}{9}$ 2

c) $\sqrt{2} \cdot 2^x = 2^{\frac{3}{2}}$ 3

d) $3^{x+3} = 243$ 3

e) $2^{3x} = 27$ 3

2 Berechne die folgenden Ausdrücke im Kopf. Gib erläuternde Zwischenschritte an, wie du im Kopf beim Rechnen vorgehst.

a) $\log_6(36)$ 2

b) $\log_{36}(6)$ 2

c) $\log_{\frac{1}{2}}(16)$ 2

d) $\log_{\sqrt{2}}(\sqrt[3]{2})$ 2

3 a) Ermittle die Werte der Ausdrücke $\log_3(81)$ und $\log_3(3) + \log_3(27)$. Was fällt dir auf? Erläutere.   4

b) Zeige allgemein die Richtigkeit der folgenden Formel:
$\log_b(m \cdot n) = \log_b(m) + \log_b(n)$ 4

4 Der Psychologie-LK einer Schule mit 1 800 Schülern hat die Verbreitung eines Gerüchts innerhalb der Schülerschaft untersucht. Dabei wurde festgestellt, dass sich die Anzahl der Schüler, die das Gerücht kannten, pro Stunde verdoppelte. Zu Beginn der Beobachtung kannten 3 Schüler das Gerücht.

a) Stelle die Funktionsgleichung auf, die der Zeit t die Anzahl der Schüler zuordnet, die das Gerücht kannten, und erläutere die darin enthaltenen Terme.   5

b) Wie viele Schüler kannten das Gerücht nach 5 Stunden? 2
c) Berechne, nach welcher Zeit t 800 Schüler das Gerücht kannten. 4
d) Fertige mithilfe des GTR eine Skizze der Funktion f an und übertrage sie in dein Heft. 3
e) Begründe, warum eine Exponentialfunktion der Form $f(t) = b \cdot a^t$ die Ausbreitung eines Gerüchts nur für einen begrenzten Zeitraum modellieren kann.
Gib diesen Zeitraum für die obige Schule an. 5

5 Zwei radioaktive Präparate werden im Labor untersucht. Man hat vom Stoff A 10 g und vom Stoff B 20 g als Ausgangsmenge zur Verfügung. Nach einer Zeiteinheit von 3 h ist vom Stoff A noch die Hälfte vorhanden, vom Stoff B dagegen nur noch ein Drittel.

a) Stelle für beide Stoffe jeweils eine Funktionsgleichung auf, die die aktuelle Stoffmenge in Abhängigkeit von einer Zeiteinheit t angibt. 4
b) Bestimme die Stoffmenge für beide Stoffe nach jeweils 9 h. 3
c) Fertige mithilfe des GTR eine Skizze beider Funktionsgraphen an. Übertrage beide in ein gemeinsames Koordinatensystem. 3
d) Lies den Zeitpunkt ab, zu dem von beiden Stoffen die gleiche Menge vorhanden ist. Markiere diesen Punkt auch in deiner Zeichnung und gib die dann vorhandene Stoffmenge an. 3
e) Berechne jetzt den Zeitpunkt aus Teilaufgabe d exakt. 5

So lange habe ich gebraucht: _____ / 70 min

So viele BE habe ich erreicht: _____ / 66 BE

Note	1	2	3	4	5	6
BE	66–58	57–49	48–39	38–30	29–12	11–0

Hinweise und Tipps

1
- Wende Potenzgesetze an und vergleiche dann die Exponenten.
- Wandle Wurzeln in Potenzen um.

2 Überlege, mit welcher Zahl du die Basis potenzieren musst, um den Ausdruck in der Klammer zu erhalten.

3
- Denke an die Logarithmengesetze.
- Schreibe die allgemeine Gleichung als Potenz und nutze die Potenzgesetze.

4
- Gehe von der allgemeinen Exponentialfunktion $f(t) = b \cdot a^t$ aus.
- Du musst für t in die Funktionsgleichung einsetzen.
- Die Unbekannte t ist mit Logarithmengesetzen berechenbar. Der GTR kann hier nur zur Überprüfung eingesetzt werden, denn der Operator „berechnen" gibt an, dass du per Hand rechnen sollst.
- Nutze den GTR und achte auf einen sinnvollen Maßstab.
- Die benutzte Funktion ist streng monoton wachsend, die Schülerschaft aber begrenzt.

5
- Gehe von der allgemeinen Gleichung der Exponentialfunktion $f(t) = b \cdot a^t$ aus. Beachte: Es handelt sich um Zerfallsreaktionen, also $a < 1$. b ist die Anfangsmenge, t ist eine Zeiteinheit!
- Rechne 9 h in Zeiteinheiten um und setze dann erst für t ein.
- Nutze den GTR und achte auch auf einen sinnvollen Maßstab.
- Zeichne den Schnittpunkt beider Kurven in dein Schaubild ein und beschrifte ihn.
- Löse mit dem Gleichsetzungsverfahren. Verwende Potenz- und Logarithmengesetze.

Lösung

BE

1 a) ⏱ 2 Minuten, 🌐 / 🌐🌐

$5^x = 125$

$5^x = 5^3$ 125 als Potenz mit Basis 5 schreiben   1

$x = 3$ 1

b) ⏱ 2 Minuten, 🌐 / 🌐🌐

$3^x = \dfrac{1}{9}$

$3^x = \dfrac{1}{3^2}$ 9 als Potenz mit Basis 3 schreiben   1

$3^x = 3^{-2}$ Potenzgesetz anwenden, um Bruch zu eliminieren

$x = -2$ 1

c) ⏱ 2 Minuten, 🌐🌐

$\sqrt{2} \cdot 2^x = 2^{\frac{3}{2}}$

$2^{\frac{1}{2}} \cdot 2^x = 2^{\frac{3}{2}}$ Wurzel als Potenz schreiben   1

$2^x = 2^{\frac{3}{2}} : 2^{\frac{1}{2}}$ beide Seiten durch $2^{\frac{1}{2}}$ dividieren   1

$2^x = 2^{\frac{3}{2} - \frac{1}{2}}$ Potenzgesetz anwenden

$2^x = 2^1$

$x = 1$ 1

d) ⏱ 3 Minuten, 🌐🌐

$3^{x+3} = 243$

$3^x \cdot 3^3 = 3^5$ Potenzgesetz anwenden   1

$3^x = 3^5 : 3^3$ beide Seiten durch 3^3 dividieren

$3^x = 3^{5-3}$ Potenzgesetz anwenden

$3^x = 3^2$

$x = 2$ 1

e) ⏱ 3 Minuten, 🌐🌐

$2^{3x} = 27$

$(2^x)^3 = 27$ Potenzgesetz anwenden   1

$2^x = 3$ 3. Wurzel ziehen   1

$x = \log_2(3)$ $\log_2$ auf beiden Seiten anwenden   1

2 a) 🕐 2 Minuten, 🎨 / 🎨🎨

$\log_6(36) = 2$, weil $6^2 = 36$ 2

b) 🕐 2 Minuten, 🎨 / 🎨🎨

$\log_{36}(6) = \dfrac{1}{2}$, weil $36^{\frac{1}{2}} = \sqrt{36} = 6$ 2

c) 🕐 3 Minuten, 🎨🎨

$\log_{\frac{1}{2}}(16) = -4$, weil $\left(\dfrac{1}{2}\right)^{-4} = 16$ 2

Ausführlich gerechnet:

$\dfrac{1^{-4}}{2^{-4}} = \dfrac{2^4}{1^4} = \left(\dfrac{2}{1}\right)^4 = 2^4 = 16$

d) 🕐 3 Minuten, 🎨🎨🎨

$\log_{\sqrt{2}}(\sqrt[3]{2}) = \dfrac{2}{3}$, weil $\sqrt{2} = 2^{\frac{1}{2}}$ und $(2^{\frac{1}{2}})^{\frac{2}{3}} = 2^{\frac{1}{3}} = \sqrt[3]{2}$ 2

3 a) 🕐 4 Minuten, 🎨 / 🎨🎨

Das Ergebnis ist jeweils 4 und somit sind beide Ergebnisse gleich.
Es gilt das Logarithmengesetz:
$\log_3(a \cdot b) = \log_3(a) + \log_3(b)$ 2

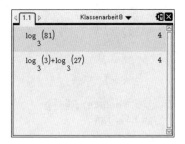

  2

b) 🕐 6 Minuten, 🎨🎨🎨

$\log_b(m \cdot n) = \log_b(m) + \log_b(n)$	1
$b^{\log_b(m \cdot n)} = b^{(\log_b(m) + \log_b(n))}$	auf beiden Seiten als Potenz mit Basis b schreiben 1
$m \cdot n = b^{\log_b(m)} \cdot b^{\log_b(n)}$	Potenzgesetz anwenden 1
$m \cdot n = m \cdot n$	1

4 a) 🕐 3 Minuten, 📖 / 📖📘

$f(t) = 3 \cdot 2^t$

f(t) – Anzahl der Schüler, die das Gerücht zum Zeitpunkt t kennen

t – Zeitpunkt in Stunden

3 – Anfangsmenge an Schülern, die das Gerücht kennen

2 – Wachstumsfaktor für Verdopplung

b) 🕐 2 Minuten, 📖

$f(5) = 3 \cdot 2^5 = 96$

96 Schüler kannten es nach 5 h.

c) 🕐 3 Minuten, 📖 / 📖📘

$f(t) = 800$

$3 \cdot 2^t = 800$ beide Seiten durch 3 dividieren

$2^t = \dfrac{800}{3}$

     Logarithmieren

$\lg 2^t = \lg \dfrac{800}{3}$

     Anwendung Logarithmengesetz

$t \cdot \lg 2 = \lg \dfrac{800}{3}$

$t = \dfrac{\lg \dfrac{800}{3}}{\lg 2} \approx 8{,}06$

Nach 8,06 h kannten 800 Schüler das Gerücht.

d) 🕐 6 Minuten, 📖

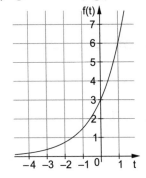
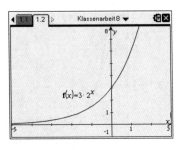

e) 🕐 5 Minuten, 🍪🍪 / 🍪🍪🍪.
Da bei einer Funktion der Form $f(t) = b \cdot a^t$ (a > 0) mit zunehmender Zeit t die Funktionswerte immer größer werden, die Schülerschaft der Schule aber (mit 1 800 im Beispiel) begrenzt ist, kann nur ein gewisser Zeitraum zur Modellierung genutzt werden.

3

Mithilfe des GTR wird die Gleichung $f(t) = 1800$ gelöst. Nach 9,23 h kannte jeder Schüler der Schule das Gerücht.

2

$\Rightarrow f(t) = 3 \cdot 2^t$, $0 \leq t \leq 9{,}23$

5 a) 🕐 2 Minuten, 🍪 / 🍪🍪

Stoff A: $f_A(t) = 10 \cdot \left(\dfrac{1}{2}\right)^t$

2

Stoff B: $f_B(t) = 20 \cdot \left(\dfrac{1}{3}\right)^t$

2

b) 🕐 4 Minuten, 🍪🍪.

9 h ≙ 3 Zeiteinheiten (t = 3)

Nach 9 h hat man noch 1,25 g vom Stoff A und noch $\dfrac{20}{27}$ g vom Stoff B.

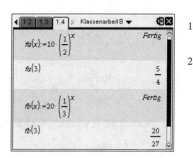

1

2

c) 🕐 5 Minuten, 🍪 / 🍪🍪

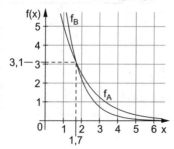
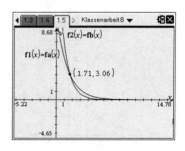

3

d) 🕐 4 Minuten, ⚫/⚫⚫
Gesucht ist nach dem Schnittpunkt der beiden Funktionen (siehe Grafik bei Teilaufgabe c):
S(1,7 | 3,1)   2
Von beiden Stoffen sind noch jeweils etwa 3,1 g vorhanden.   1

e) 🕐 4 Minuten, ⚫⚫/⚫⚫⚫.

$$f_A(t) = f_B(t)$$

$$10 \cdot \left(\frac{1}{2}\right)^t = 20 \cdot \left(\frac{1}{3}\right)^t$$

$$\frac{1}{2} \cdot \left(\frac{1}{2}\right)^t = \left(\frac{1}{3}\right)^t \qquad \text{durch 20 dividieren} \qquad 1$$

$$\frac{1}{2} = \left(\frac{1}{3}\right)^t : \left(\frac{1}{2}\right)^t \qquad \text{durch } \left(\frac{1}{2}\right)^t \text{ dividieren}$$

$$\frac{1}{2} = \left(\frac{1}{3} : \frac{1}{2}\right)^t \qquad 1$$

$$\frac{1}{2} = \left(\frac{2}{3}\right)^t$$

$$\lg\left(\frac{1}{2}\right) = \lg\left(\frac{2}{3}\right)^t \qquad \text{Logarithmieren} \qquad 1$$

$$\lg\left(\frac{1}{2}\right) = t \cdot \lg\left(\frac{2}{3}\right) \qquad \text{Anwendung Logarithmengesetz} \qquad 1$$

$$t = \frac{\lg\left(\frac{1}{2}\right)}{\lg\left(\frac{2}{3}\right)} \qquad 1$$

Klassenarbeit 9

BE

1 Gegeben ist die Funktion f mit $f(x) = 4 \cdot \log_2(x-3)$.

a) Gib den Definitionsbereich von f an und begründe, warum der Term $\log_2(0)$ nicht definiert ist. — 4

b) Fertige mithilfe des GTR eine Skizze an und übertrage sie. — 2

c) Berechne die fehlenden Koordinaten der Punkte A und B mit $A(5|y)$ und $B(x|5)$. Gib dabei jeweils erläuternde Zwischenschritte an. — 6

d) Die Funktion f ist ein Beispiel für Funktionen der Form
$g(x) = a \cdot \log_2(x-b)$.
Erläutere den Einfluss des Parameters a und dann den des Parameters b auf den Graphen der Funktion g und auf den Definitionsbereich von g. — 8

2 Vereinfache so weit wie möglich. Gib Zwischenschritte an.

a) $\log_2(96) - \log_2(3)$ — 2

b) $\log_a(a^2 q) - \log_a(q)$ — 2

c) $\log_3(54) + \log_3(2) - \log_3(4)$ — 3

d) $\log_a(4p) - 3\log_a(p) + \log_a(p^3) + \log_a\left(\dfrac{1}{p}\right)$ — 3

3 Ordne zu und begründe.

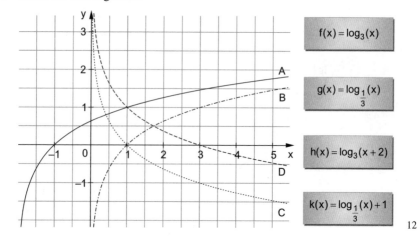

12

4 Peter und Sebastian wollen ihre Ersparnisse anlegen. Peter hat 1 000 € gespart und bekommt von seiner Bank 2 % Guthabenzins pro Jahr. Sebastian hat nur 800 €, bekommt aber 3 % Guthabenzins pro Jahr.
   a) Stelle für beide Geldanlagen jeweils eine Funktionsgleichung auf, die das Kapital in Abhängigkeit von der Zeit angibt. 4
   b) Stelle beide Funktionsgraphen in einem Koordinatensystem dar. 6
   c) Gib an, wie viel Kapital Peter und Sebastian jeweils nach 5 Jahren haben. Lies diese Werte aus den Graphen in Teilaufgabe b ab. Berechne danach die Werte auf Cent genau. 6
   d) Bestimme, zu welchem Zeitpunkt sich bei beiden das Kapital verdoppelt hat. 4
   e) Nach welcher Zeit besitzen beide das gleiche Kapital? 2

5 Bestimme jeweils die Lösungsmenge der Exponentialgleichung und gib dabei erläuternde Zwischenschritte an. Gib das Ergebnis exakt an.
   a) $2^x + 10 = 26$ 3
   b) $3^{x+1} = 9$ 3
   c) $12^{2x+1} = 12^x \cdot 12^2$ 3
   d) $6^{3-2x} = 8$ 5
   e) $3^{2x+2} = 10^{3x}$ 6

So lange habe ich gebraucht: _____ / 80 min

So viele BE habe ich erreicht: _____ / 84 BE

Note	1	2	3	4	5	6
BE	84 – 73	72 – 62	61 – 50	49 – 38	37 – 16	15 – 0

Hinweise und Tipps

1
- Überlege, welche Werte der Term (x − 3) nur annehmen kann.
  Nutze auch die Logarithmusdefinition. Wandle $\log_2(0) = x$ in eine Exponentialgleichung um und begründe dann.
- Nutze den GTR. Achte auf einen geeigneten Maßstab.
- Setze für x bzw. f(x) den gegebenen Wert ein. Forme die Gleichungen mit Äquivalenzumformungen um.
- Um die Veränderung durch einen Parameter zu sehen, muss man den anderen Parameter konstant halten. Nutze den GTR, um verschiedene Graphen zu veranschaulichen.

2
- Nutze für alle 4 Teilaufgaben die dir bekannten Logarithmengesetze.
- Gehe dabei schrittweise vor.

3
- Nutze für die Funktionen f, g, h und k Überlegungen zu den jeweiligen Definitionsbereichen.
- Suche auch „markante" Punkte, die sich auf den jeweiligen Graphen befinden.

4
- Allgemein gilt hier:
  $\text{Kapital}_{neu} = \text{Kapital}_{Anfang} \cdot (\text{Wachstumsfaktor})^{\text{Zeitschritte}}$
  Bestimme jeweils den passenden Wachstumsfaktor q (q = 1 + p %).
- Achte bei der Zeichnung auf einen geeigneten Maßstab, sodass du bei Teilaufgabe c die Werte zu x = 5 gut ablesen kannst.
- Setze beide Gleichungen gleich.

5
- Nutze Äquivalenzumformungen und die Methode des Exponentenvergleichs.
- Logarithmiere ggf. zuerst.

Lösung

BE

1 a) 5 Minuten,
$D = \{x \in \mathbb{R} \mid x > 3\}$ 2

Der Term $\log_2(0)$ ist nicht definiert, da die dazu passende Exponentialfunktion $2^x = 0$ keinen Wert für x besitzt.   2

b) 6 Minuten,

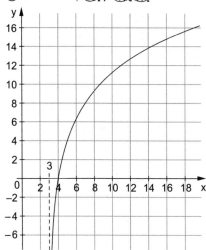
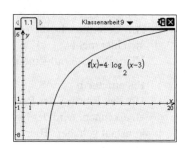

2

c) 4 Minuten,
Punkt A(5|y)

$4 \cdot \log_2(5-3) = y$	Einsetzen der x-Komponente	1
$4 \cdot \log_2(2) = y$	Zusammenfassen	1
$4 \cdot 1 = y$		
$y = 4$		1

$\Rightarrow A(5|4)$

Punkt B(x|5)

$5 = 4 \cdot \log_2(x-3)$	Einsetzen der y-Komponente	1
$1,25 = \log_2(x-3)$	durch 4 dividieren	
$2^{1,25} = x - 3$	Umschreiben mithilfe der zugehörigen Exponentialgleichung	1
$x = 2^{1,25} + 3 \approx 5,38$		1

$\Rightarrow B(5,38|5)$

d) 🕐 10 Minuten, 🌐🌐🌐.
Parameter a
Um den Einfluss des Parameters a zu erkennen, wird der Parameter b konstant gehalten. Hier im Beispiel jeweils b = 3.
Bei Variation des Parameters a kommt es zu einer Streckung des Funktionsgraphen in y-Richtung. Am Definitionsbereich ändert sich hier nichts.
Hier gilt: x > 3 (allgemein x > b)

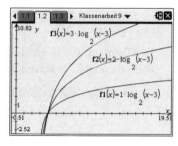

Parameter b
Um den Einfluss des Parameters b zu erkennen, wird der Parameter a konstant gehalten. Hier im Beispiel jeweils a = 1.
Bei Variation des Parameters b kommt es zu einer Verschiebung des Graphen in x-Richtung. Es ändert sich mit dem Wert b der Definitionsbereich der Funktion.
Hier gilt: x > b

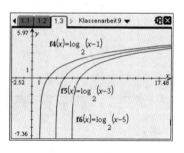

2

2

2

2

2 a) 🕐 2 Minuten, 🌐.
$\log_2(96) - \log_2(3)$

$= \log_2\left(\dfrac{96}{3}\right)$ Anwendung Logarithmengesetz   1

$= \log_2(32) = 5$ $2^5 = 32$ 1

b) 🕐 2 Minuten, 🌐 / 🌐🌐.
$\log_a(a^2 q) - \log_a(q)$

$= \log_a\left(\dfrac{a^2 q}{q}\right)$ Anwendung Logarithmengesetz   1

$= \log_a(a^2) = 2$ Kürzen   1

c) ⏲ 2 Minuten,

$\log_3(54) + \log_3(2) - \log_3(4)$

$= \log_3\left(\dfrac{54 \cdot 2}{4}\right)$ Logarithmengesetz   2

$= \log_3(27) = 3$ $3^3 = 27$ 1

d) ⏲ 3 Minuten,

$\log_a(4p) - 3\log_a(p) + \log_a(p^3) + \log_a\left(\dfrac{1}{p}\right)$

$= \log_a(4p) - \log_a(p^3) + \log_a(p^3) + \log_a\left(\dfrac{1}{p}\right)$ Logarithmengesetz   1

$= \log_a\left(4p \cdot \dfrac{1}{p}\right)$ Logarithmengesetz   1

$= \log_a(4)$ Kürzen   1

3 ⏲ 12 Minuten,

Funktionsgleichung	Schaubild	Begründung	
$h(x) = \log_3(x+2)$	A	• Nullstelle $x = -1$ • $D = \{x \in \mathbb{R} \mid x > -2\}$ • monoton wachsende Funktion	3
$f(x) = \log_3(x)$	B	• Nullstelle $x = 1$ • $f(3) = 1$ als Punkt gut ablesbar • $D = \{x \in \mathbb{R} \mid x > 0\}$ • monoton wachsende Funktion	3
$g(x) = \log_{\frac{1}{3}}(x)$	C	• Nullstelle $x = 1$ • $f(3) = -1$ • $D = \{x \in \mathbb{R} \mid x > 0\}$ • monoton fallende Funktion	3
$k(x) = \log_{\frac{1}{3}}(x) + 1$	D	• Nullstelle $x = 3$ • $D = \{x \in \mathbb{R} \mid x > 0\}$ • monoton fallende Funktion • verschoben um 1 Einheit in y-Richtung bez. des Graphen von g • $k(x) = g(x) + 1$	3

4 a) ⏲ 2 Minuten, 🌐 / 🌐🔍

Peter: $K_{neu} = 1\,000 \cdot 1{,}02^x \;\Rightarrow\; f(x) = 1\,000 \cdot 1{,}02^x$ 2

Sebastian: $K_{neu} = 800 \cdot 1{,}03^x \;\Rightarrow\; g(x) = 800 \cdot 1{,}03^x$ 2

b) ⏲ 4 Minuten, 🌐

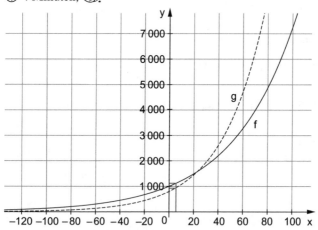

6

c) ⏲ 3 Minuten, 🌐 / 🌐🔍

Ablesen aus dem Graphen

Sebastian: ca. 900 €   1
Peter: ca. 1 100 €   1

Berechnung

Sebastian: $g(5) = 800 \cdot 1{,}03^5 \approx 927{,}42$ €   2

Peter: $f(5) = 1\,000 \cdot 1{,}02^5 \approx 1\,104{,}08$ €   2

d) ⏲ 4 Minuten, 🌐🔍

Das Kapital hat sich verdoppelt, wenn Sebastian 1 600 € hat und wenn Peter 2 000 € hat.

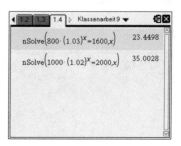

Sebastians Kapital hat sich nach etwa 23,5 Jahren verdoppelt.   2

Peters Kapital hat sich nach etwa 35 Jahren verdoppelt.   2

e) ⏲ 4 Minuten, 🐢🐢.
Sie besitzen im Schnittpunkt der beiden Graphen das gleiche Kapital. Dies ist zum Zeitpunkt $x \approx 22{,}9$, also nach knapp 23 Jahren.

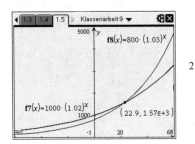

2

5 a) ⏲ 2 Minuten, 🐢 / 🐢🐢.

$2^x + 10 = 26$

$2^x = 16$ 10 subtrahieren   1

$2^x = 2^4$ 1

$x = 4$ Exponentenvergleich

$\mathbb{L} = \{4\}$ 1

b) ⏲ 2 Minuten, 🐢 / 🐢🐢.

$3^{x+1} = 9$

$3^{x+1} = 3^2$ 1

$\phantom{3^{x+1}}x + 1 = 2$ Exponentenvergleich   1

$\phantom{3^{x+1}}x = 1$ 1 subtrahieren

$\mathbb{L} = \{1\}$ 1

c) ⏲ 3 Minuten, 🐢🐢.

$12^{2x+1} = 12^x \cdot 12^2$

$12^{2x+1} = 12^{x+2}$ Potenzgesetz   1

$\phantom{12^{2x+1}}2x + 1 = x + 2$ Exponentenvergleich   1

$\phantom{12^{2x+1}}x = 1$ (x + 1) subtrahieren

$\mathbb{L} = \{1\}$ 1

d) ⏱ 4 Minuten,

$$6^{3-2x} = 8$$ \hfill Logarithmieren

$$\log 6^{3-2x} = \log 8$$ \hfill Logarithmengesetz \hfill 1

$$(3-2x) \cdot \log 6 = \log 8$$ \hfill 1

$$3 - 2x = \frac{\log 8}{\log 6}$$ \hfill durch $\log 6$ dividieren \hfill 1

$$-2x = \log_6(8) - 3$$ \hfill 3 subtrahieren \hfill 1

$$x = \frac{1}{2}(3 - \log_6(8))$$ \hfill durch -2 dividieren

$$\mathbb{L} = \left\{ \frac{1}{2}(3 - \log_6(8)) \right\}$$ \hfill 1

e) ⏱ 6 Minuten,

$$3^{2x+2} = 10^{3x}$$

$$\log 3^{2x+2} = \log 10^{3x}$$ \hfill Logarithmieren \hfill 1

$$(2x+2)\log 3 = 3x \log 10$$ \hfill Logarithmengesetz \hfill 1

$$2x \log 3 + 2 \log 3 = 3x \log 10$$ \hfill Ausmultiplizieren \hfill 1

$$2x \log 3 - 3x \log 10 = -2 \log 3$$ \hfill 1

$$x(2 \log 3 - 3 \log 10) = -2 \log 3$$ \hfill Ausklammern \hfill 1

$$x = \frac{2 \log 3}{3 \log 10 - 2 \log 3}$$

$$\mathbb{L} = \left\{ \frac{2 \log 3}{3 \log 10 - 2 \log 3} \right\}$$ \hfill 1

Klassenarbeiten zum Themenbereich 4

- Untersuchung ganzrationaler Funktionen
- Ableitungsbegriff
- Grenzwerte

Klassenarbeit 10

BE

1 Ermittle die Nullstellen der ganzrationalen Funktion mithilfe des GTR und skizziere den Graphen der Funktion in einem geeigneten Koordinatensystem.
Überprüfe deine Ergebnisse aus den Teilaufgaben c und d durch eine geeignete Rechnung.

a) $f(x) = x^2 + x - 6$ 4

b) $f(x) = (x-1) \cdot (x^2 - 17x + 70)$ 5

c) $f(x) = 2x^3 + 2x^2 - 4x$ 7

d) $f(x) = x^3 - \frac{5}{2}x^2 + \frac{1}{2}x + 1$ 10

2 Finde zu den gegebenen Nullstellen eine zugehörige ganzrationale Funktion.
Gib die Funktion in der Form $f(x) = a_n x^n + a_{n-1} x^{n-1} + \ldots + a_1 x + a_0$ an.

a) $x_1 = 1$; $x_2 = 2$, $x_3 = 3$ (Funktion 3. Grades)   3

b) doppelte Nullstelle $x = 3$; $x_3 = -5$ (Funktion 3. Grades)   3

c) vierfache Nullstelle $x = -1$ (Funktion 4. Grades)   3

3 Untersuche die Funktion auf Achsensymmetrie zur y-Achse bzw. Punktsymmetrie zum Koordinatenursprung. Eine grafische Begründung reicht hier nicht aus.

a) $f(x) = x^4 - x^2 + 9$ 3

b) $f(x) = -x^3 - 2x$ 3

c) $f(x) = x^3 \cdot (x+2) \cdot (x-2)$ 4

d) $f(x) = x^2 \cdot (x-3) \cdot (x+1)$ 6

4 Begründe anhand eines selbst gewählten Beispiels, dass eine ganzrationale Funktion, die durch die Punkte $A(5|0)$ und $B(-5|0)$ verläuft, nicht punktsymmetrisch sein muss.   4

5 a) Nutze die Tabellenfunktion des GTR, um das Verhalten der Funktion $f(x) = -x^5 + 2x^3 - x$ für sehr große und sehr kleine x-Werte zu untersuchen.
Notiere jeweils zwei geeignete Wertepaare, die das Verhalten der Funktion verdeutlichen.   4

b) Ermittle mithilfe einer Rechnung das Verhalten der Funktion f für
   $x \to +\infty$ und $x \to -\infty$. 6

c) Eine ganzrationale Funktion 3. Grades g(x) strebt für $x \to +\infty$ gegen $+\infty$ und für $x \to -\infty$ gegen $-\infty$.
   Bestimme und begründe das Verhalten der Funktion f mit
   $f(x) = -2x^2 - 5x + g(x)$ für $x \to +\infty$ und $x \to -\infty$. 5

6 Der Querschnitt eines Berges wird durch die Funktion f mit
$f(x) = \frac{1}{650}x^3 - \frac{21}{130}x^2 + \frac{60}{13}x$ und $0 \le x \le 60$ beschrieben.
Eine Längeneinheit in x- und y-Richtung entspricht jeweils 50 m. Am Hochpunkt des Graphen von f befindet sich eine Berghütte. 30 LE in x-Richtung von der Berghütte entfernt befindet sich ein Talsee.

a) Erstelle eine Skizze des Bergquerschnitts. Zeichne die Berghütte B und den Talsee T ein. Beachte dabei, dass die x-Werte aus dem vorgegebenen Intervall stammen. 3

b) Bestimme näherungsweise die Koordinaten der Punkte B und T. 2

c) Zwischen B und T soll eine gerade Wasserleitung durch den Berg verlegt werden. Berechne, wie lang die Leitung werden muss. 5

d) Ermittle, welchen Steigungswinkel bezüglich der Horizontalen die Leitung überwinden muss. 3

e) Im Punkt D(80|0) liegt ein Dorf. Die Wasserleitung soll gerade in Richtung des Dorfs verlängert werden.
   Berechne, wie viele Meter vom Dorf entfernt die Leitung auf den Boden ($\hat{=}$ x-Achse) trifft. 8

f) Begründe, warum die Funktion f im Sachzusammenhang nur in einem bestimmten Intervall betrachtet werden kann. 4

So lange habe ich gebraucht: _____ / 90 min

So viele BE habe ich erreicht: _____ / 95 BE

Note	1	2	3	4	5	6
BE	95 – 83	82 – 69	68 – 56	55 – 43	42 – 17	16 – 0

Hinweise und Tipps

1
- Wähle das Koordinatengitter auf deinem GTR passend, sodass du alle Nullstellen siehst.
- Bei Teilaufgabe c kannst du x ausklammern.
- Führe bei Teilaufgabe d eine Polynomdivision durch. Rate die erste Nullstelle, indem du nacheinander die ganzzahligen Teiler des absoluten Gliedes in den Term von f einsetzt und schaust, ob 0 herauskommt.

2
- Schreibe die Funktionsgleichung als Produkt von Linearfaktoren.
- Bei einer doppelten Nullstelle hat man zweimal den gleichen Linearfaktor.
- Bei einer vierfachen Nullstelle hat man viermal den gleichen Linearfaktor.
- Multipliziere aus und bringe den Term in die angegebene Form.

3
- Betrachte sowohl f(x) als auch f(–x) bzw. –f(–x).
- Achsensymmetrie zur y-Achse: $f(x) = f(-x)$
- Punktsymmetrie zum Koordinatenursprung: $f(x) = -f(-x)$

4
- Überlege, welchen Grad deine ganzrationale Funktion haben soll.
- Welche Symmetrie haben Parabeln?

5
- Bei Teilaufgabe a bieten sich x-Werte wie 100 und 1 000 an.
- Bei Teilaufgabe b solltest du zuerst größtmöglich ausklammern. Betrachte dann $\lim\limits_{x \to +\infty}$ und $\lim\limits_{x \to -\infty}$.
- Überlege bei Teilaufgabe c, welcher Term der Funktionsgleichung das Verhalten im Unendlichen bestimmt.

6
- Verwende einen sinnvollen Maßstab.
- Der GTR liefert nicht unbedingt exakte Werte für die Koordinaten der Punkte B und T. Runde hier auf ganze Zahlen.
- Bei Teilaufgabe c kannst du den Satz des Pythagoras verwenden.
- Nach Teilaufgabe c sind alle Dreiecksseiten des rechtwinkligen Dreiecks bekannt. Nutze zur Winkelberechnung trigonometrische Beziehungen.
- B und T liegen auf einer Geraden. Gesucht ist also eine lineare Funktion.
- Berechne die Nullstelle dieser Funktion.
- Überlege, was es für die Landschaft bedeutet, wenn man über die vorgegebenen Grenzen hinaus zeichnet.

Lösung

1 a) ⏱ 5 Minuten, 🧠
Der GTR liefert die Nullstellen:
$x_1 = -3$, $x_2 = 2$

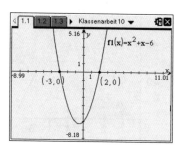

Skizze:

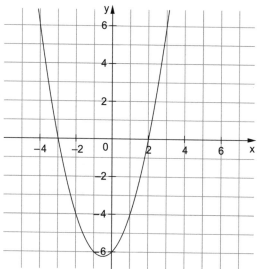

b) ⏱ 6 Minuten, 🧠
Der GTR liefert die Nullstellen:
$x_1 = 1$, $x_2 = 7$, $x_3 = 10$

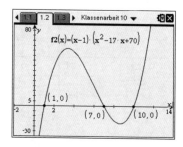

Skizze:

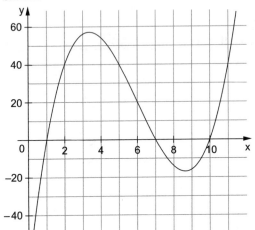

c) 7 Minuten,
Der GTR liefert die Nullstellen:
$x_1 = -2$, $x_2 = 0$, $x_3 = 1$

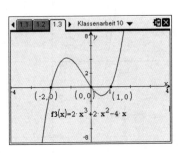

Skizze:

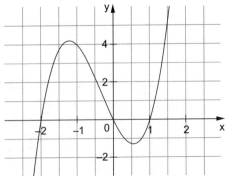

Rechnerische Überprüfung der Nullstellen:
$$f(x) = 0$$
$$2x^3 + 2x^2 - 4x = 0$$
$$2x(x^2 + x - 2) = 0$$
$\Rightarrow x_1 = 0$ und $x^2 + x - 2 = 0$
$$x_{2/3} = -0{,}5 \pm \sqrt{0{,}5^2 + 2} = -0{,}5 \pm 1{,}5$$
$\Rightarrow x_2 = 1$ und $x_3 = -2$

d) 🕒 10 Minuten, 🌐🌐🌐.
Der GTR liefert die Nullstellen:
$x_1 = -0{,}5$, $x_2 = 1$, $x_3 = 2$

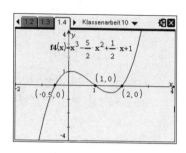

Skizze:

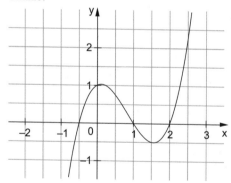

Rechnerische Überprüfung der Nullstellen:
$$f(x) = 0$$
$$x^3 - \frac{5}{2}x^2 + \frac{1}{2}x + 1 = 0$$

Ganzzahliger Teiler vom Absolutglied 1 ist z. B. 1.
$f(1) = 1^3 - \frac{5}{2} \cdot 1^2 + \frac{1}{2} \cdot 1 + 1 = 0$ ✓ $\Rightarrow x_1 = 1$

Polynomdivision:
$$\left(x^3 - \frac{5}{2}x^2 + \frac{1}{2}x + 1\right) : (x-1) = x^2 - \frac{3}{2}x - 1$$
$$\underline{-(x^3 - x^2)}$$
$$-\frac{3}{2}x^2 + \frac{1}{2}x$$
$$\underline{-\left(-\frac{3}{2}x^2 + \frac{3}{2}x\right)}$$
$$-x+1$$
$$\underline{-(-x+1)}$$
$$0$$

$\Rightarrow \quad x^2 - 1,5x - 1 = 0$

$x_{2/3} = 0,75 \pm \sqrt{(-0,75)^2 + 1} = 0,75 \pm 1,25$

$\Rightarrow x_2 = 2 \text{ und } x_3 = -0,5$

2 a) 🕐 3 Minuten, 🌐.
$$f(x) = (x-1)(x-2)(x-3)$$
$$= (x^2 - 2x - x + 2)(x-3)$$
$$= (x^2 - 3x + 2)(x-3)$$
$$= x^3 - 3x^2 - 3x^2 + 9x + 2x - 6$$
$$= x^3 - 6x^2 + 11x - 6$$

b) 🕐 3 Minuten, 🌐.
$$f(x) = (x-3)^2(x+5)$$
$$= (x^2 - 6x + 9)(x+5)$$
$$= x^3 + 5x^2 - 6x^2 - 30x + 9x + 45$$
$$= x^3 - x^2 - 21x + 45$$

c) 🕐 3 Minuten, 🌐 / 🌐🌐.
$$f(x) = (x+1)^4$$
$$= (x+1)^2(x+1)^2$$
$$= (x^2 + 2x + 1)(x^2 + 2x + 1)$$
$$= x^4 + 2x^3 + x^2 + 2x^3 + 4x^2 + 2x + x^2 + 2x + 1$$
$$= x^4 + 4x^3 + 6x^2 + 4x + 1$$

3 a) ⏰ 3 Minuten, 🌐

$f(-x) = (-x)^4 - (-x)^2 + 9 = x^4 - x^2 + 9 = f(x)$ 2

Die Funktion ist achsensymmetrisch zur y-Achse. 1

b) ⏰ 3 Minuten, 🌐

$-f(-x) = -(-(-x)^3 - 2(-x)) = -(x^3 + 2x) = -x^3 - 2x = f(x)$ 2

Die Funktion ist punktsymmetrisch zum Koordinatenursprung. 1

c) ⏰ 3 Minuten, 🌐

$f(x) = x^3 \cdot (x+2) \cdot (x-2) = x^3 \cdot (x^2 - 4) = x^5 - 4x^3$ 1

$-f(-x) = -((-x)^5 - 4(-x)^3) = -(-x^5 + 4x^3) = x^5 - 4x^3 = f(x)$ 2

Die Funktion ist punktsymmetrisch zum Koordinatenursprung. 1

d) ⏰ 4 Minuten, 🌐🌐

$f(x) = x^2 \cdot (x-3) \cdot (x+1) = x^2 \cdot (x^2 + x - 3x - 3) = x^4 - 2x^3 - 3x^2$ 1

$f(-x) = (-x)^4 - 2(-x)^3 - 3(-x)^2 = x^4 + 2x^3 - 3x^2 \neq f(x)$ 2

$-f(-x) = -(x^4 + 2x^3 - 3x^2) = -x^4 - 2x^3 + 3x^2 \neq f(x)$ 2

Die Funktion ist weder achsensymmetrisch zur y-Achse noch punktsymmetrisch zum Ursprung. 1

4 ⏰ 5 Minuten, 🌐🌐 / 🌐🌐🌐

Als Beispiel lassen sich verschiedene ganzrationale Funktionen finden, von denen hier zwei vorgestellt werden. Die gewählte Funktion muss in jedem Fall die Nullstellen $x_1 = 5$ und $x_2 = -5$ besitzen.

1. Möglichkeit: Funktion 2. Grades

$f(x) = (x-5) \cdot (x+5) = x^2 - 25$ 2

Die Punkte A und B liegen achsensymmetrisch zur y-Achse, der Scheitelpunkt der Parabel auf der y-Achse. Hier ist keine Punktsymmetrie zum Koordinatenursprung möglich. 2

2. Möglichkeit: Funktion 3. Grades
Als 3. Nullstelle kann z. B. $x_3 = 3$ gewählt werden.

$f(x) = (x-5) \cdot (x+5) \cdot (x-3) = (x^2 - 25) \cdot (x-3) = x^3 - 3x^2 - 25x + 75$

$-f(-x) = -((-x)^3 - 3(-x)^2 - 25(-x) + 75) = -(-x^3 - 3x^2 + 25x + 75)$
$\qquad = x^3 + 3x^2 - 25x - 75 \neq f(x)$

Die Funktion ist nicht punktsymmetrisch zum Koordinatenursprung.

5 a) ⏱ 3 Minuten, 🖉

Geeignete Wertepaare:

x	−500	−1000
y	$3 \cdot 10^{13}$	10^{15}
x	500	1000
y	$−3 \cdot 10^{13}$	$−10^{15}$

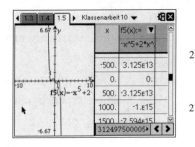

b) ⏱ 5 Minuten, 🖉🔍

$$f(x) = -x^5 + 2x^3 - x = -x^5\left(1 - \frac{2}{x^2} + \frac{1}{x^4}\right)$$

Setzt man für x eine sehr große Zahl ein, so geht der Klammerausdruck gegen 1 (die Brüche darin gegen 0), d. h., der Funktionswert strebt gegen −∞.

Oder in mathematischer Schreibweise:

$$\lim_{x \to +\infty} -x^5\left(1 - \frac{2}{x^2} + \frac{1}{x^4}\right) = -\infty$$

$$\downarrow \quad \downarrow \quad \downarrow \quad \downarrow$$
$$-\infty \quad 1 \quad 0 \quad 0$$

Setzt man für x eine sehr kleine Zahl ein, so geht der Klammerausdruck gegen 1 (die Brüche darin gegen 0), d. h., der Funktionswert strebt gegen +∞.

Oder in mathematischer Schreibweise:

$$\lim_{x \to -\infty} -x^5\left(1 - \frac{2}{x^2} + \frac{1}{x^4}\right) = +\infty$$

$$\downarrow \quad \downarrow \quad \downarrow \quad \downarrow$$
$$+\infty \quad 1 \quad 0 \quad 0$$

c) ⏱ 4 Minuten, 🖉🔍

Das Verhalten im Unendlichen wird durch den Term mit dem größten Exponenten bestimmt. Da g(x) vom Grad 3 ist und f(x) sonst nur Terme mit kleinerem Grad enthält, ist g(x) für das Verhalten von f(x) verantwortlich. Also:

$$\lim_{x \to +\infty} -2x^2 - 5x + g(x) = +\infty$$

$$\lim_{x \to -\infty} -2x^2 - 5x + g(x) = -\infty$$

6 a) 🕒 5 Minuten, 🧠

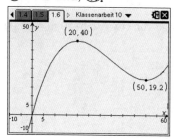

Skizze:

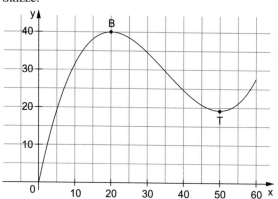

b) 🕒 2 Minuten, 🧠
B(20|40), T(50|19)

c) 🕒 4 Minuten, 🧠🧠

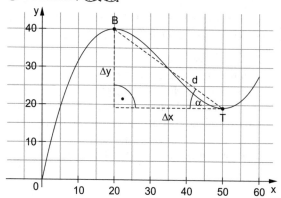

$$d = \sqrt{(y_B - y_T)^2 + (x_B - x_T)^2} = \sqrt{(40-19)^2 + (20-50)^2} \approx 36{,}6 \qquad 3$$

Die Wasserleitung hat real eine Länge von etwa $36{,}6 \cdot 50 \text{ m} = 1\,830 \text{ m}$. 2

d) ⏱ 3 Minuten, 🌐 / 🌐🔍

$$|\tan \alpha| = \left|\frac{\Delta y}{\Delta x}\right| = \left|\frac{40-19}{20-50}\right| = |-0{,}7| = 0{,}7 \qquad 2$$

$\Rightarrow \alpha \approx 35°$ 1

e) ⏱ 5 Minuten, 🌐🔍

Bestimmung der Geradengleichung durch B und T:

Steigung:

$m = \tan \alpha = -0{,}7$ (siehe Teilaufgabe d) 1

Achsenabschnitt b:

$y = mx + b$ Einsetzen von $B(20|40)$ und der Stei-
$40 = -0{,}7 \cdot 20 + b \quad |+14$ gung m
$b = 54$ 2

Funktionsgleichung: $y = -0{,}7x + 54$ 1

Berechnung der Nullstelle:

$y = 0$
$-0{,}7x + 54 = 0 \quad |-54$
$-0{,}7x = -54 \quad |:(-0{,}7)$
$x \approx 77$ 2

Bestimmung des Abstands zum Dorf:
Die Wasserleitung trifft etwa $80 \text{ LE} - 77 \text{ LE} = 3 \text{ LE}$ vom Dorf entfernt auf dem Boden auf. Real sind dies etwa $3 \cdot 50 \text{ m} = 150 \text{ m}$. 2

f) ⏱ 4 Minuten, 🌐🔍 / 🌐🔍🌐

Eine ganzrationale Funktion 3. Grades kann meist nur in einem begrenzten Bereich (Intervall) zur Modellierung genutzt werden. Berghütte und Tal werden gut durch Hoch- bzw. Tiefpunkt dargestellt. 2

Über die Intervallgrenzen hinaus betrachtet streben die Funktionswerte für $x < 0$ gegen $-\infty$ und für $x > 60$ gegen $+\infty$. Für eine reale Landschaft ist dieses Funktionsverhalten nicht zu gebrauchen. 2

Klassenarbeit 11

BE

1 Bestimme den Differenzenquotienten für die Funktionen f und g in den gegebenen Intervallen.

a) $f(x) = 0{,}25x^2$; $I_1 = [-2; 4]$; $I_2 = [-3; -1]$ 4

b) $g(x) = 4x^3 - 7x$; $I_1 = [-2; 4]$; $I_2 = [-3; -1]$ 6

2 Für einen sich bewegenden Körper gilt für seinen zurückgelegten Weg s (in m) in Abhängigkeit der Zeit t (in s) folgende Gleichung: $s(t) = 1{,}4 \cdot t^2$

a) Beschreibe die Gleichung im Sachzusammenhang.   3

b) Bestimme im Zeitintervall $I = [2; 5]$ die Durchschnittsgeschwindigkeit des Körpers in $\frac{m}{s}$.   3

c) Zeichne den Funktionsgraphen von s sowie die Gerade g durch die Punkte $P_1(2 \mid s(2))$ und $P_2(5 \mid s(5))$ in ein Koordinatensystem.   3

d) Wofür „steht" die Steigung m der Geraden g? Zeichne in dein Bild aus Teilaufgabe c das Steigungsdreieck von P_1 nach P_2 ein und erläutere die sich ergebenden Kathetenlängen.   3

e) Um die Geschwindigkeit zum Zeitpunkt $t = 2$ möglichst exakt zu ermitteln, soll nun das Intervall schrittweise verkleinert werden. Berechne die fehlenden Werte und ergänze die folgende Tabelle.   8

h	$s(2+h) - s(2)$	$\frac{s(2+h) - s(2)}{h}$
4	$s(6) - s(2) = 50{,}4 - 5{,}6$	$\frac{50{,}4 - 5{,}6}{4} = 11{,}2$
2		
1		
0,1		
0,01		
−2		
−1		
−0,1		
−0,01		

f) Mache eine Aussage zur momentanen Geschwindigkeit des Körpers zum Zeitpunkt t = 2. Nutze die Ergebnisse aus Teilaufgabe e und runde auf eine Nachkommastelle. 2

g) Bestimme die Gleichung der Tangente im Punkt $P_1(2\,|\,s(2))$ und zeichne sie in dein Koordinatensystem ein. 3

3 a) Bestimme die Gleichung der Tangente t an den Graphen der Funktion f mit $f(x) = 3x^2 - 2x$ im Punkt $P(1\,|\,f(1))$. Nutze zur Bestimmung der Ableitung an der Stelle x_0 die „h-Methode". 7

b) Gib die Gleichung n der Normalen durch den gegebenen Punkt an. 4

c) Schneidet die Normale den Graphen der Funktion f noch in einem weiteren Punkt? Zeige bzw. widerlege dies durch eine Rechnung. 6

d) Zeichne den Funktionsgraphen von f, die Tangente t sowie die Normale n in dein Heft. 3

4 a) Bestimme für die gegebenen Funktionsgleichungen jeweils die erste Ableitung.
$f(x) = 4x^3 - 7x^2 + 5x + 9$
$g(x) = -5x^4 - 7x^2 + 2$
$h(x) = (x-3)^2 \cdot (-x+5)$
$i(x) = \dfrac{1}{6}x^3 + kx^2 + 4$ 8

b) Bestimme für alle gegebenen Ausgangsfunktionen das Verhalten für $x \to +\infty$ und $x \to -\infty$. Begründe kurz. 4

5 Gegeben ist die Funktion f mit $f(x) = x^3 - 7x + 6$.
a) Gib die Schnittpunkte mit den Koordinatenachsen an. 4

b) Bestimme das Verhalten der Funktion f für $x \to +\infty$ und $x \to -\infty$. 2

c) Nutze die Ergebnisse aus den Teilaufgaben a und b, um ein mögliches Schaubild von f zu skizzieren. Begründe dabei den Verlauf. 4

d) Betrachte die Funktion im Grafikmenü des GTRs. Beschreibe die Unterschiede zu deinem Schaubild aus Teilaufgabe c. 2

So lange habe ich gebraucht: _____ / 80 min

So viele BE habe ich erreicht: _____ / 79 BE

Note	1	2	3	4	5	6
BE	79 – 69	68 – 58	57 – 47	46 – 36	35 – 15	14 – 0

Hinweise und Tipps

1
- Setze jeweils die Intervallgrenzen in die Funktionsterme ein.
- Differenzenquotient = $\dfrac{\text{Differenz der Funktionswerte}}{\text{Differenz der x-Werte}}$

2
- Erläutere kurz die Größen t, s und den Zusammenhang der beiden.
- Berechne die jeweiligen Funktionswerte und bestimme dann den Differenzenquotienten.
- Was stellt die Gerade g bzgl. des Funktionsgraphen von s dar?
- Gib an, welchem Wert sich die Differenzenquotienten nähern.
- Nutze für Teilaufgabe g das Ergebnis aus Teilaufgabe f.
- Mit dem gegebenen Punkt kann die Geradengleichung aufgestellt werden.

3
- Stelle die Terme nacheinander erst auf und setze sie dann erst in den Differenzenquotienten ein.
- Setze in die Funktionsgleichung für x jeweils $x_0 + h$ ein.
- Im Zähler muss erst zusammengefasst werden, dann kann h gekürzt werden.
- Nutze die Tangentensteigung und den gegebenen Punkt P zum Aufstellen der Tangentengleichung.
- Berechne zuerst die Steigung der Normalen über $m_t \cdot m_n = -1$.
- Bestimme mögliche gemeinsame Punkte durch Gleichsetzen beider Funktionsgleichungen.

4
- Wende Potenz-, Faktor- und Summenregel an.
- Beachte bei h(x): Hier erst die Klammern auflösen.
- Setze entsprechende Zahlen ein oder betrachte den Term mit der größten Potenz.

5
- Schnittpunkt mit der y-Achse: $x = 0$
- Schnittpunkt mit der x-Achse: $f(x) = 0$
- Betrachte den Term mit der größten Potenz.
- Überlege dir zu den Teilergebnissen den prinzipiellen Verlauf.
- Wo „kommen" die Funktionswerte her?
  Wo „gehen" die Funktionswerte hin?
  Was passiert dazwischen?

Lösung

BE

1 Für den Differenzenquotienten im Intervall $I = [a; b]$ gilt: $\frac{f(b)-f(a)}{b-a}$

a) 🕐 4 Minuten, 🧠 / 📖🔍

Für I_1: $\frac{0{,}25 \cdot 4^2 - 0{,}25 \cdot (-2)^2}{4-(-2)} = \frac{4-1}{6} = \frac{1}{2}$ 2

Für I_2: $\frac{0{,}25 \cdot (-1)^2 - 0{,}25 \cdot (-3)^2}{-1-(-3)} = \frac{0{,}25 - 2{,}25}{2} = -1$ 2

b) 🕐 4 Minuten, 📖🔍

Für I_1: $\frac{4 \cdot 4^3 - 7 \cdot 4 - (4 \cdot (-2)^3 - 7 \cdot (-2))}{4-(-2)}$ 2

$= \frac{4 \cdot 64 - 28 - (-32 + 14)}{6} = \frac{246}{6} = 41$ 1

Für I_2: $\frac{4 \cdot (-1)^3 - 7 \cdot (-1) - (4 \cdot (-3)^3 - 7 \cdot (-3))}{-1-(-3)}$ 2

$= \frac{-4 + 7 - (4 \cdot (-27) + 21)}{2} = -\frac{84}{2} = -42$ 1

2 a) 🕐 2 Minuten, 📖🔍

Die Gleichung $s(t) = 1{,}4 \cdot t^2$ beschreibt den Zusammenhang zwischen dem zurückgelegten Weg s und der dafür benötigten Zeit t. Es besteht ein quadratischer Zusammenhang bzw. eine Proportionalität ($s \sim t^2$). Dabei ist der Faktor 1,4 der Proportionalitätsfaktor. Physikalisch steht er für eine Beschleunigung. (Da der Faktor > 1 ist, wird mit Zunahme der Zeit auch die Geschwindigkeit des Körpers größer.) 3

b) 🕐 3 Minuten, 📖🔍

Die Durchschnittsgeschwindigkeit im Intervall entspricht dem Differenzenquotienten im Intervall $I = [2; 5]$.

$\frac{s(5)-s(2)}{5-2} = \frac{1{,}4 \cdot 5^2 - 1{,}4 \cdot 2^2}{3} = \frac{35 - 5{,}6}{3} = 9{,}8 \left[\frac{m}{s}\right]$ 3

c)  4 Minuten,

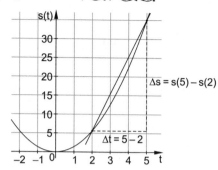

3

d) ⏲ 2 Minuten,
Die Steigung der Geraden durch die Punkte $P_1(2|5{,}6)$ und $P_2(5|35)$ steht für die durchschnittliche Geschwindigkeit im Intervall $I = [2;\ 5]$ und beträgt $9{,}8\ \frac{m}{s}$.

Im Steigungsdreieck (siehe Teilaufgabe c) ist die eine Kathete die Differenz der Funktionswerte $\Delta s = s(5) - s(2)$. Die andere Kathete ergibt sich als Differenz der t-Werte, hier $5 - 2$.

3

e) ⏲ 10 Minuten,

h	$s(2+h) - s(2)$	$\dfrac{s(2+h) - s(2)}{h}$	
4	$s(6) - s(2) = 50{,}4 - 5{,}6$	$\dfrac{50{,}4 - 5{,}6}{4} = 11{,}2$	
2	$s(4) - s(2) = 22{,}4 - 5{,}6$	$\dfrac{22{,}4 - 5{,}6}{2} = 8{,}4$	1
1	$s(3) - s(2) = 12{,}6 - 5{,}6$	$\dfrac{12{,}6 - 5{,}6}{1} = 7$	1
0,1	$s(2{,}1) - s(2) = 6{,}174 - 5{,}6$	$\dfrac{6{,}174 - 5{,}6}{0{,}1} = 5{,}74$	1
0,01	$s(2{,}01) - s(2) = 5{,}65614 - 5{,}6$	$\dfrac{5{,}65614 - 5{,}6}{0{,}01} = 5{,}614$	1
−2	$s(0) - s(2) = 0 - 5{,}6$	$\dfrac{0 - 5{,}6}{-2} = 2{,}8$	1
−1	$s(1) - s(2) = 1{,}4 - 5{,}6$	$\dfrac{1{,}4 - 5{,}6}{-1} = 4{,}2$	1

$-0{,}1$	$s(1{,}9) - s(2) = 5{,}054 - 5{,}6$	$\frac{5{,}054 - 5{,}6}{-0{,}1} = 5{,}46$	1
$-0{,}01$	$s(1{,}99) - s(2) = 5{,}54414 - 5{,}6$	$\frac{5{,}54414 - 5{,}6}{-0{,}01} = 5{,}586$	1

f) ⏱ 2 Minuten, ✎ / ✎✎

Aus der Tabelle ist sehr gut zu erkennen, dass sich der Momentanwert bzw. die Geschwindigkeit zum Zeitpunkt t = 2 als ca. $5{,}6 \,\frac{m}{s}$ ergibt.

Aus den oberen fünf Zeilen ist eine Annäherung von rechts, aus den unteren vier Zeilen eine Annäherung von links abzulesen. 2

g) ⏱ 4 Minuten, ✎✎

Ansatz: $y = mx + n$

m entspricht der Tangentensteigung nach Teilaufgabe f: $m = 5{,}6$ 1

Einsetzen von m und Punkt $P(2 \mid 5{,}6)$:

$n = y - mx$

$n = 5{,}6 - 5{,}6 \cdot 2 = -5{,}6$ 1

Gleichung der Tangente: $y = 5{,}6x - 5{,}6$ 1

3 a) ⏱ 9 Minuten, ✎✎ / ✎✎✎

Gegeben: $f(x) = 3x^2 - 2x$

$x_0 = 1$

$f(x_0) = 3 \cdot 1^2 - 2 \cdot 1 = 1$

$f(x_0 + h) = 3(1 + h)^2 - 2(1 + h)$

Differenzenquotient:

$$\frac{f(x_0 + h) - f(x_0)}{h} = \frac{3(1+h)^2 - 2(1+h) - 1}{h} = \frac{3(1 + 2h + h^2) - 2 - 2h - 1}{h} \quad 2$$

$$= \frac{3 + 6h + 3h^2 - 2 - 2h - 1}{h} = \frac{4h + 3h^2}{h} = \frac{h(4 + 3h)}{h} \quad 1$$

$$= 4 + 3h \quad 1$$

Die Ableitung an der Stelle x_0 entspricht der Tangentensteigung an der Stelle x_0. Sie lässt sich über „$\lim\limits_{h \to 0}$ Differenzenquotient" bestimmen.

$\lim\limits_{h \to 0} 4 + 3h = 4$ 1

Also: $f'(1) = 4$ bzw. $m_t = 4$

Weiterhin gegeben: P(1|1)
$y_t = m_t x + n$
$\Rightarrow n = y_t - m_t x = 1 - 4 \cdot 1 = -3$

Tangentengleichung im Punkt P(1|1):
$y_t = 4x - 3$

b) ⏲ 3 Minuten, 🌐🧠

Aus der Bedingung $m_t \cdot m_n = -1$ folgt:
$m_n = -\dfrac{1}{m_t} = -\dfrac{1}{4}$

Einsetzen von m und P(1|1) in $y_n = m_n x + n$ ergibt:
$n = y_n - m_n x = 1 - \left(-\dfrac{1}{4}\right) \cdot 1 = 1 + \dfrac{1}{4} = \dfrac{5}{4}$

Normalengleichung im Punkt P(1|1):
$y_n = -\dfrac{1}{4}x + \dfrac{5}{4}$

c) ⏲ 4 Minuten, 🌐🧠

Für Schnittpunkte gilt: $f(x) = y_n$

$$3x^2 - 2x = -\dfrac{1}{4}x + \dfrac{5}{4}$$

$$3x^2 - \dfrac{7}{4}x - \dfrac{5}{4} = 0$$

$$x^2 - \dfrac{7}{12}x - \dfrac{5}{12} = 0$$

$\Rightarrow x_{1/2} = \dfrac{7}{24} \pm \sqrt{\left(-\dfrac{7}{24}\right)^2 + \dfrac{5}{12}} = \dfrac{7}{24} \pm \dfrac{17}{24}$

$\Rightarrow x_1 = 1$ und $x_2 = -\dfrac{5}{12}$

Es gibt also einen weiteren Schnittpunkt.

$f\left(-\dfrac{5}{12}\right) = 3 \cdot \left(-\dfrac{5}{12}\right)^2 - 2 \cdot \left(-\dfrac{5}{12}\right) = \dfrac{65}{48} \Rightarrow S_2\left(-\dfrac{5}{12} \,\Big|\, \dfrac{65}{48}\right)$

d) ⏱ 5 Minuten,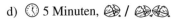

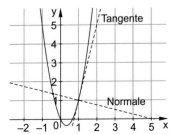

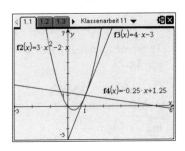

3

4 a) ⏱ 5 Minuten,
$f(x) = 4x^3 - 7x^2 + 5x + 9$
$f'(x) = 12x^2 - 14x + 5$ 2

$g(x) = -5x^4 - 7x^2 + 2$
$g'(x) = -20x^3 - 14x$ 2

$h(x) = (x-3)^2 \cdot (-x+5) = (x^2 - 6x + 9) \cdot (-x+5) = -x^3 + 11x^2 - 39x + 45$ 1
$h'(x) = -3x^2 + 22x - 39$ 1

$i(x) = \dfrac{1}{6}x^3 + kx^2 + 4$

$i'(x) = \dfrac{1}{2}x^2 + 2kx$ 2

b) ⏱ 5 Minuten,
Der Term mit der größten Potenz bestimmt den Verlauf der Funktion.

Funktion $f(x)$: für $x \to +\infty \Rightarrow f(x) \to +\infty$
für $x \to -\infty \Rightarrow f(x) \to -\infty$ 1

Funktion $g(x)$: für $x \to +\infty \Rightarrow g(x) \to -\infty$
für $x \to -\infty \Rightarrow g(x) \to -\infty$ 1

Funktion $h(x)$: für $x \to +\infty \Rightarrow h(x) \to -\infty$
für $x \to -\infty \Rightarrow h(x) \to +\infty$ 1

Funktion $i(x)$: für $x \to +\infty \Rightarrow i(x) \to +\infty$
für $x \to -\infty \Rightarrow i(x) \to -\infty$ 1

5 a) ⏲ 4 Minuten, 📖 / 📖📖
Schnittpunkt mit der y-Achse:
$f(0) = 0^3 - 7 \cdot 0 + 6 = 6$
$\Rightarrow S(0|6)$

Schnittpunkte mit der x-Achse:
$0 = x^3 - 7x + 6$
Der GTR liefert die Schnittpunkte:
$S_1(-3|0)$
$S_2(1|0)$
$S_3(2|0)$

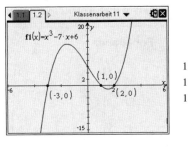

b) ⏲ 2 Minuten, 📖📖
Bestimmend für den Verlauf des Graphen der Funktion ist der Term mit der höchsten Potenz, also x^3.

für $x \to +\infty \Rightarrow f(x) \to +\infty$
für $x \to -\infty \Rightarrow f(x) \to -\infty$

c) ⏲ 4 Minuten, 📖📖
Der Graph muss durch die 3 berechneten Nullstellen verlaufen. Das Verhalten im Unendlichen bestimmt den restlichen Verlauf der ganzrationalen Funktion 3. Grades, die 2 Extremstellen besitzt.

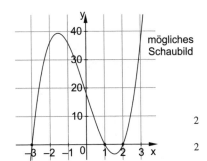

mögliches Schaubild

d) ⏲ 4 Minuten, 📖 / 📖📖
Der prinzipielle Verlauf stimmt überein (Monotonie), doch da keine Extremstellen zu berechnen waren, weichen diese evtl. mehr oder weniger stark von der tatsächlichen Lage ab.

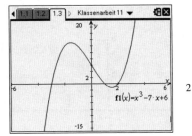

Klassenarbeit 12

BE

1 Gegeben sind die drei ganzrationalen Funktionen f, g und h sowie die Graphen ihrer Ableitungsfunktionen. Ordne anhand der Bilder begründet Funktion und Ableitungsfunktion einander zu.

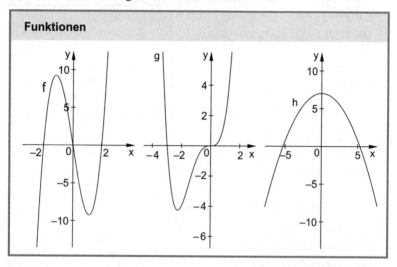

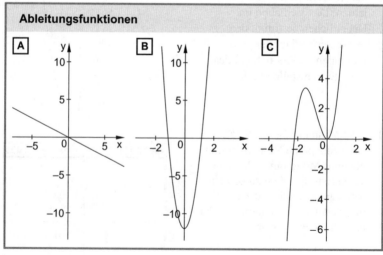

2 In der Abbildung ist der Graph der 1. Ableitung von f gegeben.

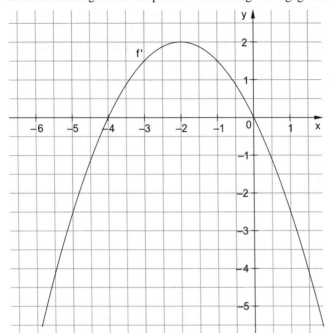

a) Zeichne in die Abbildung die Extremstellen der Funktion f ein und bestimme sie näherungsweise. 3

b) Gib begründet an, ob es sich um Hoch- bzw. Tiefpunkte handelt. 4

c) Skizziere in der obigen Abbildung einen möglichen Graphen der Funktion f. 3

3 Untersuche die Funktion f mit $f(x) = \frac{1}{8}x^4 - x^2$ auf Symmetrie, Schnittpunkte mit den Koordinatenachsen, auf Extrempunkte und ihr Verhalten für $x \to \pm\infty$. Nutze dabei jeweils mathematische Ansätze. 18

4 Gegeben ist die Funktion f mit $f(x) = x^3 - 6x^2 + 9x$.

a) Berechne die Nullstellen der Funktion f. 3

b) Zeichne den Graphen von f mit dem GTR und bestimme anhand des Graphen die Extrempunkte. Weise die Art der Extrempunkte rechnerisch nach. 8

c) Die Tangente an den Graphen der Funktion f im Punkt P(2|f(2)) sowie die Koordinatenachsen begrenzen eine Dreiecksfläche vollständig. Bestimme den Flächeninhalt des Dreiecks näherungsweise. 7

d) In der linken Abbildung ist das Schaubild der Ableitungsfunktion f' dargestellt. In der rechten Abbildung sind drei Geraden gezeichnet. Gib begründet an, bei welcher Geraden es sich um das Schaubild der Ableitungsfunktion f'' von f' handelt.

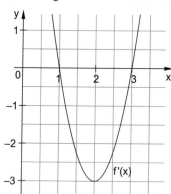
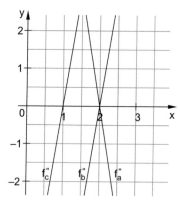

4

e) Gegeben ist nun die Funktionenschar $f_k(x) = x(x^2 - 6x + k)$. Für welche Werte von k hat die Funktion eine, zwei oder drei Nullstellen? 4

5 Bestimme die Funktionsgleichung einer ganzrationalen Funktion dritten Grades, wenn für sie gilt:
Der Graph der Funktion besitzt eine einfache Nullstelle für x = 0, eine doppelte Nullstelle für x = 2 und geht durch den Punkt $P = \left(1 \mid \frac{1}{3}\right)$. In diesem Punkt beträgt die Steigung der Tangente $-\frac{1}{3}$. 10

So lange habe ich gebraucht: _____ / 80 min

So viele BE habe ich erreicht: _____ / 76 BE

Note	1	2	3	4	5	6
BE	76 – 65	64 – 54	53 – 42	41 – 31	30 – 16	15 – 0

Hinweise und Tipps

1
- Von welchem Grad sind die Ausgangsfunktionen mindestens?
- Bestimme in den Ausgangsfunktionen näherungsweise die Extremstellen und vergleiche sie mit den Nullstellen der Ableitungsfunktionen.

2
- Extremstellen einer Funktion findet man als Nullstellen der Ableitungsfunktion wieder.
- Die Ableitungsfunktion macht Aussagen zum Steigungsverhalten der Ausgangsfunktion.
- Wie sind die Funktionswerte der Ableitungsfunktion vor bzw. hinter der Nullstelle?

3
- Nutze die bekannten Bedingungen für Achsen- bzw. Punktsymmetrie.
- Es ist jeweils nach Punkten gefragt. Bei den Extrempunkten muss neben der notwendigen Bedingung auch die hinreichende Bedingung erfüllt sein.

4
- Faktorisiere zuerst, löse dann die sich ergebende quadratische Gleichung.
- Nutze notwendige und hinreichende Bedingungen für Extrempunkte.
- Stelle die Tangentengleichung auf. Die Steigung der Tangente ist gleich der Ableitung an der Berührstelle von Tangente und Graph f.
- Extremstellen in der Ausgangsfunktion sind in der Ableitungsfunktion als Nullstellen ablesbar (notwendige Bedingung).
- Funktionswerte der Ableitungsfunktion entsprechen dem Steigungsverhalten der Ausgangsfunktion.
- Löse bei Teilaufgabe e die quadratische Gleichung. Überlege z. B. mit der Diskriminante in der p-q-Formel.
- Der ausgeklammerte Faktor x ist nicht vom Parameter abhängig.

5
- Stelle die Funktionsgleichung in der allgemeinen Form (mit Parametern) auf.
- Leite die Funktion in der allgemeinen Form ab.
- Stelle aus den Bedingungen aus dem Aufgabentext Gleichungen auf.
- Löse das Gleichungssystem z. B. mit dem Einsetzungs- und dem Additionsverfahren.

Klassenarbeiten zum Themenbereich 4

Lösung

BE

1 ⏱ 10 Minuten,

Ausgangs-funktion	Ableitungs-funktion	Begründung	
f	Graph B	• f ist punktsymmetrisch. ⇒ f' muss achsensymmetrisch sein. • f' besitzt Nullstellen bei $x_1 \approx -1$ und $x_2 \approx 1$. Diese stimmen mit den Extremstellen von f überein. • Das Steigungsverhalten von f findet sich in den Funktionswerten der Ableitungsfunktion wieder.	4
g	Graph C	• g besitzt einen Sattelpunkt an der Stelle $x = 0$. ⇒ g' muss dort eine doppelte Nullstelle besitzen. • Die andere Extremstelle von g findet sich bei g' als Nullstelle wieder.	4
h	Graph A	• h ist eine nach unten geöffnete Parabel. Sie hat ihre Extremstelle bei $x = 0$ ⇒ h' besitzt an dieser Stelle eine Nullstelle. • Der Extrempunkt ist ein Hochpunkt ⇒ die Steigung von h wechselt das Vorzeichen von + zu –, während bei h' entsprechend die Funktionswerte von + nach – wechseln.	4

2 a) ⏱ 3 Minuten,

siehe Zeichnung in Teilaufgabe c   1

Die Nullstellen der Ableitungsfunktion sind die Extremstellen der
Ausgangsfunktion: $x_{E1} = -4$, $x_{E2} = 0$ 2

b) ⏱ 4 Minuten,

An der Stelle $x_{E1} = -4$ hat der Graph der Ausgangsfunktion einen
lokalen Tiefpunkt, da die Funktionswerte von f' von negativen zu
positiven Werten wechseln.   2

An der Stelle $x_{E2} = 0$ hat der Graph der Ausgangsfunktion einen
lokalen Hochpunkt, da die Funktionswerte der Ableitungsfunktion von
positiven zu negativen Werten wechseln.   2

c) 4 Minuten,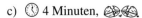

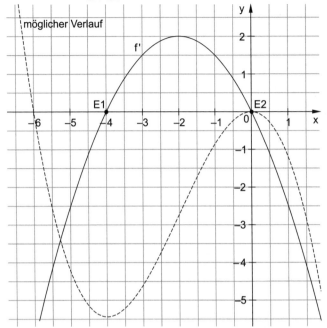

3

3 10 Minuten,

Der Graph der Funktion ist achsensymmetrisch, denn es gilt:

$$f(-x) = \frac{1}{8}(-x)^4 - (-x)^2 = \frac{1}{8}x^4 - x^2 = f(x)$$

2

Für das Verhalten der Funktion für $x \to \pm\infty$ ist der Term mit der höchsten Potenz, also $\frac{1}{8}x^4$, ausschlaggebend:

für $x \to +\infty \Rightarrow f(x) \to +\infty$

für $x \to -\infty \Rightarrow f(x) \to +\infty$

2

Schnittpunkte mit den Koordinatenachsen:

x-Achse: $f(x) = 0 \Rightarrow 0 = \frac{1}{8}x^4 - x^2 = x^2\left(\frac{1}{8}x^2 - 1\right)$

$\Rightarrow x_{1/2} = 0$ oder $\frac{1}{8}x^2 - 1 = 0$

$x^2 = 8$

$x_{3/4} = \pm 2\sqrt{2}$

doppelte Nullstelle: $S_1(0|0)$ 2

einfache Nullstelle: $S_2(0|2\sqrt{2})$

einfache Nullstelle: $S_3(0|-2\sqrt{2})$ 2

y-Achse: $x=0 \Rightarrow f(0)=0 \Rightarrow S_y(0|0)$ 1

Notwendige Bedingung für Extrempunkte: $f'(x)=0$

$f'(x) = \frac{1}{2}x^3 - 2x$ 1

$0 = \frac{1}{2}x^3 - 2x$

$0 = x \cdot \left(\frac{1}{2}x^2 - 2\right)$

$\Rightarrow x_1 = 0$ oder $\frac{1}{2}x^2 - 2 = 0$

$\qquad\qquad\qquad x^2 = 4$

$\qquad\qquad\qquad x_{2/3} = \pm 2$ 2

Hinreichende Bedingung: $f'(x)=0$ und Vorzeichenwechselkriterium

Intervall	$x<-2$		$-2<x<0$		$0<x<2$		$x>2$
Wert x_0	−3	−2	−1	0	1	2	3
$f'(x_0)$	−7,5	0	1,5	0	−1,5	0	7,5
	−	0	+	0	−	0	+

3

An allen drei Stellen findet ein Vorzeichenwechsel statt.

$f(-2)=-2$: Wechsel von − zu + $\Rightarrow E_1(-2|-2)$ ist lokaler Tiefpunkt 1
$f(0)=0$: Wechsel von + zu − $\Rightarrow E_2(0|0)$ ist lokaler Hochpunkt 1
$f(2)=-2$: Wechsel von − zu + $\Rightarrow E_3(2|-2)$ ist lokaler Tiefpunkt 1

4 a) 🕒 5 Minuten, 🌰 / 🌰🌰

$\qquad f(x) = 0$

$\quad x^3 - 6x^2 + 9x = 0$

$\quad x \cdot (x^2 - 6x + 9) = 0$ 1

$\Rightarrow x_1 = 0$ oder $x^2 - 6x + 9 = 0$

$\qquad\qquad\qquad (x-3)^2 = 0$

$\qquad\qquad\qquad x_{2/3} = 3$ 2

b) ⏱ 8 Minuten, 🧠🧠
Der Graph der Funktion hat den relativen Hochpunkt H(1|4) und den relativen Tiefpunkt T(3|0).

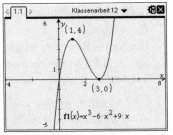

Notwendige Bedingung: $f'(x) = 0$

Definiert man die 1. Ableitungsfunktion a(x) der Funktion f(x) und berechnet die Nullstellen der Funktion a(x), so erhält man als mögliche Extremstellen $x = 1$ bzw. $x = 3$.

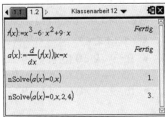

Die Funktion a(x) hat an der Stelle $x = 1$ einen „+/−"-Vorzeichenwechsel, weshalb $x = -1$ eine Maximumstelle ist.

Da a(x) an der Stelle $x = 3$ einen „−/+"-Vorzeichenwechsel hat, ist $x = 3$ eine Minimumstelle.

c) ⏱ 8 Minuten, 🧠🧠🧠

Aufstellen der Tangentengleichung:
$m_t = f'(2) = -3$
$f(2) = 2$

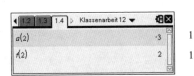

$y = m_t x + n$
$2 = -3 \cdot 2 + n$
$n = 8$
$\Rightarrow y = -3x + 8$

Die Eckpunkte des Dreiecks sind der Ursprung und die Schnittpunkte der Tangente mit den beiden Koordinatenachsen. Der Flächeninhalt des Dreiecks beträgt etwa 10,7 [FE].

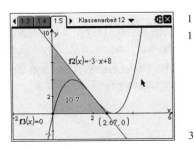

d) 🕐 5 Minuten, 🧠🧠 / 🧠🧠🧠.
f_b'' ist das Schaubild der Ableitungsfunktion von f'.   1

Begründung:
Die Nullstelle von f_b'' ist gleich der Extremstelle von f'. Gleichzeitig wechselt das Vorzeichen der Funktionswerte bei f_b'' von – zu +, was mit dem Steigungsverhalten der Funktion f' übereinstimmt.   3

e) 🕐 7 Minuten, 🧠🧠 / 🧠🧠🧠.
$x_1 = 0$ ist immer eine Nullstelle der Funktion, da diese nicht vom Parameter k abhängt.   1

Weitere Lösungen ergeben sich aus der quadratischen Gleichung:
$x^2 - 6x + k = 0 \Rightarrow x_{2/3} = 3 \pm \sqrt{9-k}$

- für $9 - k < 0$ folgt $k > 9 \Rightarrow$ 0 weitere Nullstellen $\Rightarrow$ 1 NSt. gesamt   1
- für $9 - k = 0$ folgt $k = 9 \Rightarrow$ 1 weitere Nullstelle $\Rightarrow$ 2 NSt. gesamt   1
- für $9 - k > 0$ folgt $k < 9 \Rightarrow$ 2 weitere Nullstellen $\Rightarrow$ 3 NSt. gesamt   1

5 🕐 16 Minuten, 🧠🧠 / 🧠🧠🧠.
Allgemeine Darstellung einer ganzrationalen Funktion 3. Grades:
$f(x) = ax^3 + bx^2 + cx + d$
$f'(x) = 3ax^2 + 2bx + c$ 1

Bedingung aus Aufgabentext	sich ergebende Gleichung	
$f(0) = 0$	I $0 = d$	1
$f(2) = 0$	II $0 = 8a + 4b + 2c + d$	1
$f(1) = \frac{1}{3}$	III $\frac{1}{3} = a + b + c + d$	1
$f'(1) = -\frac{1}{3}$	IV $-\frac{1}{3} = 3a + 2b + c$	1
$f'(2) = 0$	V $0 = 12a + 4b + c$	1

Anmerkung: Da nur 4 Unbekannte in der gesuchten Gleichung stehen, ist die Aufgabe mit 5 Bedingungen sogar überbestimmt.

Das Gleichungssystem kann durch das Einsetzungs- sowie das Additionsverfahren gelöst werden.

I in III $\quad \dfrac{1}{3} = a + b + c$

I in IV $\quad -\dfrac{1}{3} = 3a + 2b + c$

V $\quad\quad 0 = 12a + 4b + c$

$\dfrac{2}{3} = -2a - b$

$\dfrac{1}{3} = -11a - 3b$

$\dfrac{5}{3} = 5a$

$\Rightarrow \quad a = \dfrac{1}{3}$

$\quad b = -2 \cdot \dfrac{1}{3} - \dfrac{2}{3} = -\dfrac{4}{3}$

$\quad c = \dfrac{1}{3} - \dfrac{1}{3} - \left(-\dfrac{4}{3}\right) = \dfrac{4}{3}$

$\Rightarrow \quad f(x) = \dfrac{1}{3}x^3 - \dfrac{4}{3}x^2 + \dfrac{4}{3}x$

Anmerkung: Zur Probe können die Parameterwerte in die Gleichung II eingesetzt werden.

$8 \cdot \dfrac{1}{3} + 4 \cdot \left(-\dfrac{4}{3}\right) + 2 \cdot \dfrac{4}{3} = \dfrac{8}{3} - \dfrac{16}{3} + \dfrac{8}{3} = 0 \checkmark$

Klassenarbeit 13

BE

1 Gegeben ist eine ganzrationale Funktion dritten Grades mit
$f(x) = -\frac{1}{16}x^3 + \frac{3}{8}x^2 - 4$.

a) Weise mithilfe eines mathematischen Ansatzes nach, dass der Graph der Funktion von f im Punkt H(4|−2) einen Hochpunkt und im Punkt T(0|−4) einen Tiefpunkt besitzt. 8

b) Mache begründete Aussagen zum Verhalten der Funktion f für $x \to +\infty$ bzw. $x \to -\infty$. 3

c) Bestimme die Stellen x_1 und x_2, an denen die Tangentensteigung an den Graphen von f den Wert −6 hat. 2

d) Weise nach, dass t_1 mit $t_1(x) = -6x + 36$ eine Tangente an den Graphen von f ist, und stelle auch die andere Tangentengleichung t_2 mit der Steigung −6 auf. 4

e) Zeichne den Funktionsgraphen von f sowie die beiden Tangenten t_1 und t_2 in ein gemeinsames Koordinatensystem. 3

f) Die Funktion f ist die Ableitungsfunktion einer Funktion F. Entscheide begründet, bei welchen Graphen es sich um das Schaubild einer möglichen Funktion F handeln könnte. Begründe auch, warum die übrigen Graphen nicht infrage kommen.

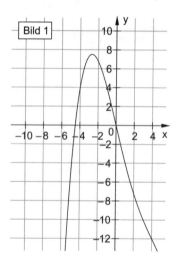

Bild 1

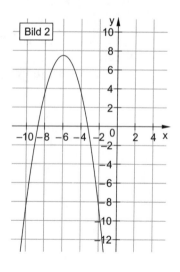

Bild 2

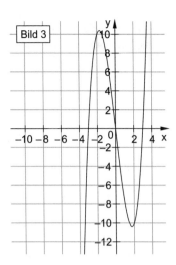
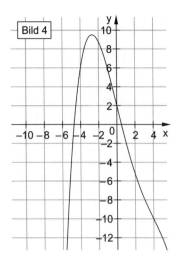

2 Gegeben ist die Funktion f mit $f(x) = x^3 - 3x^2 - x + 3$.

a) Zeige, dass eine Nullstelle der Funktion f bei $x = 1$ liegt. 1

b) Bestimme durch Polynomdivision die beiden anderen Nullstellen. 5

c) Zeichne den Graphen von f mit dem GTR. Der Graph der Funktion f wird einfachen Veränderungen unterzogen, wobei die drei Graphen in den folgenden Abbildungen entstehen.

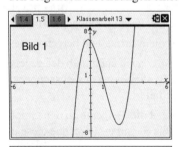
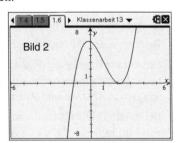
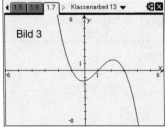

Beschreibe für jedes Bild, wie der Graph aus dem Graphen von f hervorgeht, und gib an, welche Funktionsgleichung zu dem Graphen in der Abbildung passt. 9

3 Auf einer landwirtschaftlichen Nutzfläche wurden Versuche zum Pflanzabstand von Roten Rüben und dem daraus resultierenden Ertrag durchgeführt. In der Abbildung rechts ist näherungsweise das Ergebnis der Versuche dargestellt. Der abgebildete Graph gehört zur Funktion r mit
$r(x) = -\frac{1}{100}x^3 + \frac{3}{10}x^2 + 4$
und kann im Intervall $4 \leq x \leq 28$ verwendet werden. Dabei gibt x den Pflanzabstand in cm und r(x) den Rübenertrag in Tonnen pro Hektar an.

a) Berechne für den kleinsten (4 cm) bzw. größten (28 cm) vorgegebenen Pflanzabstand den Ertrag pro Hektar. 2

b) Gib näherungsweise ein Intervall für x an, in dem der Ertrag pro Hektar mindestens 40 t/ha beträgt. Zeichne diesen Bereich oben ein. 3

c) Bestimme den Abstand x mit maximalem Ertrag und berechne diesen. 6

d) Entscheide begründet, ob die Funktion r auch außerhalb des gegebenen Intervalls immer eine sinnvolle Beschreibung des Zusammenhangs von Abstand und Rübenertrag liefert. 3

e) Bei einem Pflanzabstand von 10 cm hat die Tangente an den Graphen von r im Intervall $4 < x < 28$ ihre größte Steigung. Berechne diese und gib die Gleichung der Tangente an. 4

f) Interpretiere die berechnete Steigung im Sachzusammenhang. 3

So lange habe ich gebraucht: _____ / 90 min

So viele BE habe ich erreicht: _____ / 64 BE

Note	1	2	3	4	5	6
BE	64 – 56	55 – 47	46 – 38	37 – 29	28 – 12	11 – 0

Hinweise und Tipps

1
- Es müssen notwendige und hinreichende Bedingungen für lokale Extremwerte überprüft werden.
- Die Funktionswerte müssen auch bestätigt werden.
- Für das Verhalten der Funktionswerte ist der Term mit der höchsten Potenz maßgeblich.
- Setze die Ableitungsfunktion mit der vorgegebenen Tangentensteigung gleich. Du kannst das Grafikmenü des GTR nutzen.
- Lies die Steigung aus der Tangentengleichung ab und ziehe Rückschlüsse auf deine Ergebnisse aus Teilaufgabe c.
- Bestimme die Koordinaten des Berührpunkts vollständig und berechne dann den Achsenabschnitt.
- Achte beim Zeichnen auf einen geeigneten Maßstab.
- Beachte das Steigungsverhalten der Funktionen F. Extremstellen findet man in der Darstellung der Ableitungsfunktion als Nullstellen wieder (Tangentensteigung ist dort gleich null).

2
- Setze den gegebenen Wert für x in die Funktionsgleichung ein.
- Nutze das Ergebnis aus Teilaufgabe a und führe eine Polynomdivision durch.
- Zeichne f mit dem GTR im gleichen Maßstab.
- Vergleiche jeweils die Funktionswerte der Funktionen mit denen der Ausgangsfunktion f.

3
- Berechne mit dem GTR die beiden Funktionswerte.
- Bestimme diejenigen x, für die man einen Ertrag von 40 Tonnen pro Hektar erhält.
- Es müssen notwendige und hinreichende Bedingungen für lokale Extremwerte überprüft werden.
- Begründe evtl. auch mit dem Verhalten der Funktion für $x \to \pm\infty$. Was stellen im Sachzusammenhang negative Funktionswerte dar?
- Die Steigung an der Stelle x_0 entspricht der Ableitung an der Stelle x_0.
- Auf Randwertbetrachtungen kann hier verzichtet werden.
- Überlege, wofür die momentane Änderungsrate im Sachzusammenhang steht.

Lösung

BE

1 a) ⏰ 8 Minuten, 🧠🧠

$f'(x) = -\frac{3}{16}x^2 + \frac{3}{4}x$ 1

Notwendige Bedingung: $f'(x) = 0$

$0 = -\frac{3}{16}x^2 + \frac{3}{4}x = x \cdot \left(-\frac{3}{16}x + \frac{3}{4}\right)$

$\Rightarrow x_1 = 0$ oder $-\frac{3}{16}x + \frac{3}{4} = 0$ 1

$x_2 = 4$ 1

Hinreichende Bedingung: $f'(x) = 0$ und Vorzeichenwechselkriterium

Intervall	$x < 0$		$0 < x < 4$		$x > 4$
x_0	-1	0	1	4	5
$f'(x_0)$	$-\frac{15}{16}$	0	$\frac{9}{16}$	0	$-\frac{15}{16}$
	$-$	0	$+$	0	$-$

    2

An der Stelle $x = 0$:
Vorzeichenwechsel von $-$ nach $+$ $\Rightarrow$ lokales Minimum   1
An der Stelle $x = 4$:
Vorzeichenwechsel von $+$ nach $-$ $\Rightarrow$ lokales Maximum   1
$f(0) = -4$ $\Rightarrow$ T$(0|-4)$
$f(4) = -2$ $\Rightarrow$ H$(4|-2)$ 1

b) ⏰ 4 Minuten, 🧠 / 🧠🧠
Ausschlaggebend für das Verhalten der Funktionswerte ist der Term mit der höchsten Potenz, also $-\frac{1}{16}x^3$.   1

für $x \to +\infty$ $\Rightarrow$ $f(x) \to -\infty$ 1
für $x \to -\infty$ $\Rightarrow$ $f(x) \to +\infty$ 1

c) ⏰ 6 Minuten, 🧠🧠
Schneidet man den Graphen der
1. Ableitung mit der Geraden
$y = -6$, so ergeben sich die Stellen $x_1 = 8$ und $x_2 = -4$.   2

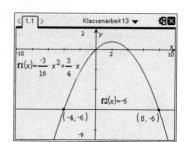

d) 🕐 7 Minuten, 🧠🧠
Aus der Tangentengleichung kann man die Steigung -6 ablesen. Es handelt sich also entweder um die Tangente an der Stelle $x_1 = 8$ oder an der Stelle $x_2 = -4$. Haben f und t_1 einen Punkt gemeinsam, so handelt es sich wirklich um eine der beiden Tangentengleichungen. Wegen $f(8) = t_1(8) = -12$ ist t_1 die Tangente an der Stelle $x_1 = 8$.

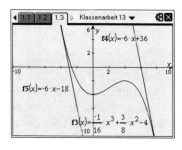

Die andere Tangente t_2 mit Steigung -6 muss durch $B_2(-4 \mid f(-4))$, also durch $B_2(-4 \mid 6)$, verlaufen.

Aufstellen der Gleichung t_2:
$n = y - mx = 6 - (-6) \cdot (-4) = -18$
$\Rightarrow t_2(x) = -6x - 18$

e) 🕐 7 Minuten, 🧠 / 🧠🧠

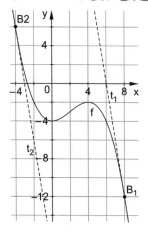

f) 🕐 6 Minuten, 🧠🧠🧠.
Bild 1 und Bild 4:
Der Graph kann die Funktion F darstellen. Der Extrempunkt von F stimmt mit der Nullstelle der Ableitungsfunktion überein. Das Steigungsverhalten von F und die Funktionswerte von f passen zueinander.

Bild 2 und Bild 3:
Steigungsverhalten und Extremstellen von F stimmen mit Funktionswerten und Nullstellen von f nicht überein.

2 a) 🕓 1 Minute, 🧠
$f(1) = 1^3 - 3 \cdot 1^2 - 1 + 3 = 0$

b) 🕓 5 Minuten, 🧠
Polynomdivision:
$(x^3 - 3x^2 - x + 3) : (x - 1) = x^2 - 2x - 3$
$\underline{-(x^3 - x^2)}$
$\quad -2x^2 - x$
$\quad \underline{-(-2x^2 + 2x)}$
$\qquad -3x + 3$
$\qquad \underline{-(-3x + 3)}$
$\qquad\qquad 0$

$x^2 - 2x - 3 = 0$
$\Rightarrow x_{2/3} = 1 \pm \sqrt{(-1)^2 + 3} = 1 \pm 2$
$\Rightarrow x_2 = 3$ und $x_3 = -1$

c) 🕓 10 Minuten, 🧠
Bild 1:
Der prinzipielle Verlauf bleibt erhalten (Nullstellen, Verhalten für $x \to \pm\infty$, ...). Die Funktionswerte sind im Vergleich zum Ausgangsgraphen doppelt so groß. Die Kurve ist mit dem Faktor 2 gestreckt
$\Rightarrow f_1(x) = 2 \cdot f(x)$.

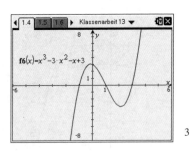

Bild 2:
Hier ist der Graph im Vergleich zum Ausgangsgraphen um 3 Einheiten in y-Richtung verschoben $\Rightarrow f_2(x) = f(x) + 3$.

Bild 3:
Der Graph wurde an der x-Achse gespiegelt (Faktor –1). Die Nullstellen sind im Vergleich zur Ausgangsfunktion gleich, das Verhalten für $x \to \pm\infty$ hat sich umgekehrt. Weiterhin ist am Graphen ablesbar, dass sich die jeweiligen Funktionswerte halbieren (Stauchung um Faktor 0,5) $\Rightarrow f_3(x) = -0,5 \cdot f(x)$.

3 a) 🕐 4 Minuten, 📖 / 📖📐

r(4) = 8,16

Bei 4 cm hat man einen Ertrag von 8,16 $\frac{t}{ha}$.

r(28) = 19,68

Bei 28 cm hat man einen Ertrag von 19,68 $\frac{t}{ha}$.

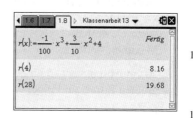

b) 🕐 4 Minuten, 📖 / 📖📐

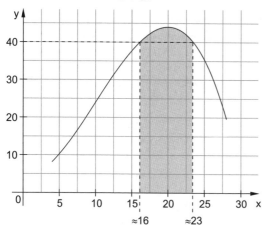

Einen Ertrag von mindestens 40 $\frac{t}{ha}$ erhält man bei einem Pflanzabstand näherungsweise im Bereich $16 \leq x \leq 23$.

c) 🕐 10 Minuten, 📖📐

Notwendige Bedingung: $r'(x) = 0$

Definiert man die 1. Ableitungsfunktion a(x) der Funktion r(x) und berechnet die Nullstellen der Funktion a(x), so erhält man als mögliche Extremstellen $x = 0$ bzw. $x = 20$.

$x = 0$ entfällt, da der Wert außerhalb des definierten Intervalls liegt.

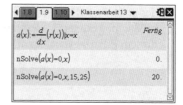

Die Funktion a(x) hat an der Stelle x = 20 einen „+/–"-Vorzeichenwechsel, weshalb x = 20 eine Maximumstelle ist.

20 cm Abstand hat somit den größten Ertrag zur Folge.

r(20) = 44

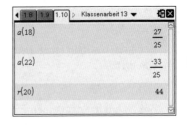

Den größtmöglichen Ertrag von 44 $\frac{t}{ha}$ erhält man bei einem Pflanzabstand von 20 cm.

d) ⓘ 5 Minuten, ✎✎ / ✎✎✎.
Außerhalb des Intervalls sind Erträge mit der Funktion r(x) nicht beschreibbar. Ein Pflanzabstand von 0 cm ist nicht sinnvoll und negative Funktionswerte sind im Sachzusammenhang nicht zu erklären, da man keinen Negativertrag erzielen kann.

e) ⓘ 7 Minuten, ✎✎.
r'(10) = 3
r(10) = 24

Tangente im Punkt (10 | 24) mit Steigung 3:
n = y − mx = 24 − 3 · 10 = −6

Tangentengleichung:
y = 3x − 6

f) ⓘ 6 Minuten, ✎✎ / ✎✎✎.
Die Steigung der Funktion an der Stelle x steht für die momentane Änderungsrate, d. h. für die sich verändernden Erträge in Bezug auf den jeweiligen Pflanzabstand x. Die größte Steigung steht also für die größte momentane Änderungsrate. Eine Änderung Δx führt bei diesem Pflanzabstand x zur stärksten Ertragsänderung.

Klassenarbeit 14

BE

1 Bestimme zu den abgebildeten Graphen eine mögliche Funktionsgleichung. Stelle das zugehörige Gleichungssystem auf. Zur Berechnung kann der GTR genutzt werden.

a) **Funktion f vom Grad 3**

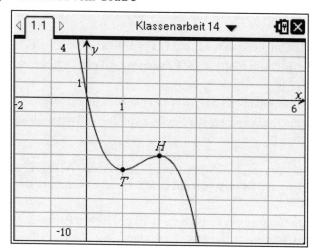

10

b) **Funktion g vom Grad 4**

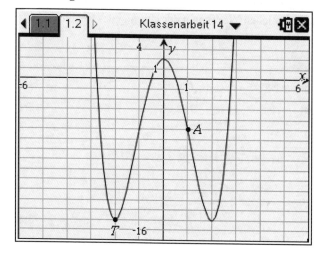

10

2 Gegeben sind die Funktionen $f(x) = x^2 - 8x + 19$ und $g(x) = x - 3$.

a) Zeige grafisch und rechnerisch, dass die beiden Funktionsgraphen keine gemeinsamen Punkte besitzen. 6

b) Bestimme die Stelle x, an der die beiden Funktionsgraphen den kürzesten vertikalen Abstand voneinander haben. 6

c) Berechne den kürzesten vertikalen Abstand und gib die beiden entsprechenden Punkte auf den Graphen f und g an. 3

3 Gegeben ist die Funktionenschar f_a mit $f_a(x) = x^3 - ax^2 + 6$ mit $a \in \mathbb{R}^+$.

a) Beschreibe, welchen Einfluss der Parameter a auf den Graphen der Funktion f_a hat. 3

b) Zeige, dass alle Graphen von f_a einen Punkt gemeinsam haben. 5

c) Bestimme die Extrempunkte der Funktionenschar in Abhängigkeit von a. 11

4 Gegeben ist die Funktion f mit $f(x) = -x^2 + 16$. Die Punkte $A(-u|0)$, $B(u|0)$, $C(u|f(u))$ und $D(-u|f(-u))$ mit $0 \leq u \leq 4$ bilden zusammen das Rechteck ABCD.

a) Zeichne den Graphen der Funktion und die gegebenen Punkte in ein Schaubild. Deute das sich ergebende Rechteck an. 4

b) Berechne, für welchen Wert von u die Rechteckfläche maximal wird. Bestimme diese dann. 12

c) Berechne, für welchen Wert von u der Umfang des Rechtecks maximal wird, und bestimme diesen. 10

So lange habe ich gebraucht: _____ / 90 min

So viele BE habe ich erreicht: _____ / 80 BE

Note	1	2	3	4	5	6
BE	80 – 70	69 – 58	57 – 47	46 – 36	35 – 15	14 – 0

Hinweise und Tipps

1
- Stelle den allgemeinen Funktionsterm auf.
- Nutze Symmetrieeigenschaften.
- Bilde die allgemeine Ableitungsfunktion.
- Stelle über die gegebenen Punkte der Graphen die Bedingungen auf und setze sie in die allgemeinen Gleichungen ein.
- Löse das lineare Gleichungssystem mit dem GTR.

2
- Zeichne die beiden Funktionen unter Zuhilfenahme des GTR.
- Beschreibe die Lage der Graphen zueinander.
- Setze die Funktionsterme gleich und löse die Gleichung nach x auf. Was stellst du fest?
- Eine Überlegungsskizze ist hilfreich. Veranschauliche dazu den vertikalen Abstand in deiner Zeichnung aus Teilaufgabe a.
- Der vertikale Abstand ergibt sich über die Differenzfunktion.
- Der minimale vertikale Abstand ist ein Extremwertproblem.
- Überprüfe die notwendige und die hinreichende Bedingung für Extremstellen.
- Setze den ermittelten Wert für x in die Differenzfunktion, in f(x) sowie in g(x) ein.

3
- Zeichne mit dem GTR die Graphen für verschiedene Werte von a.
- Beobachte die Lage der Extrempunkte.
- Setze zwei allgemeine Gleichungen (z. B: a_1 und a_2 geschrieben) gleich. Für welche Werte von x ist die Gleichung erfüllt?
- Beachte beim Ableiten den Parameter a. Er ist als Konstante zu betrachten.
- Überprüfe die notwendige und die hinreichende Bedingung für Extremstellen.
- Berechne zum Schluss noch die Funktionswerte an den ermittelten Extremstellen.

4
- Wähle für das Zeichnen des Rechtecks irgendein u mit $0 \leq u \leq 4$.
- Bei den Teilaufgaben b und c handelt es sich um Extremwertaufgaben.
- Stelle den Flächeninhalt des Rechtecks allgemein als Funktion in Abhängigkeit von u auf.
- Stelle auch den Umfang des Rechtecks allgemein als Funktion in Abhängigkeit von u auf.
- Überprüfe die notwendige und die hinreichende Bedingung für Extremstellen.

Lösung

BE

1 a) ⏲ 10 Minuten,

Abgelesene Punkte:
Tiefpunkt T(1|−5) 1
Hochpunkt H(2|−4) 1

Allgemein hat der Funktionsterm die Form:
$f(x) = ax^3 + bx^2 + cx + d$ 1

Daraus ergibt sich für die 1. Ableitung:
$f'(x) = 3ax^2 + 2bx + c$ 1

Bedingung: Gleichung:

$f(1) = -5$ I $-5 = a + b + c + d$ 1
$f(2) = -4$ II $-4 = 8a + 4b + 2c + d$ 1
$f'(1) = 0$ III $0 = 3a + 2b + c$ 1
$f'(2) = 0$ IV $0 = 12a + 4b + c$ 1

Lösung mit GTR:

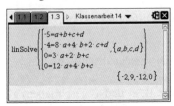

Ermittelte Funktionsgleichung:
$f(x) = -2x^3 + 9x^2 - 12x$ 2

b) ⏲ 10 Minuten,

Abgelesene Punkte:
Tiefpunkt T(−2|−14) 1
A(1|−5) 1

Da der Graph achsensymmetrisch zur y-Achse und vom Grad 4 ist, hat der Funktionsterm allgemein die Form:
$g(x) = ax^4 + bx^2 + c$ 2

Daraus ergibt sich für die 1. Ableitung:
$g'(x) = 4ax^3 + 2bx$ 1

Bedingung:	Gleichung:	
$g(1) = -5$	I $-5 = a + b + c$	1
$g(-2) = -14$	II $-14 = 16a + 4b + c$	1
$g'(-2) = 0$	III $0 = -32a - 4b$	1

Lösung mit GTR:

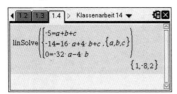

Ermittelte Funktionsgleichung:
$g(x) = x^4 - 8x^2 + 2$ 2

2 a) 🕐 8 Minuten, 🎱 / 🎱🎱
Zeichnerische Lösung:

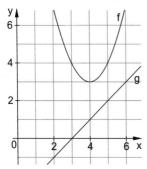 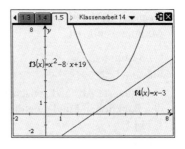

2

Da sich die beiden Graphen nicht schneiden, besitzen sie keine
gemeinsamen Punkte.   1

Rechnerische Lösung:
$$f(x) = g(x)$$
$$x^2 - 8x + 19 = x - 3$$
$$x^2 - 9x + 22 = 0$$ 1

$\Rightarrow x_{1/2} = 4{,}5 \pm \sqrt{(-4{,}5)^2 - 22} = 4{,}5 \pm \sqrt{-1{,}75}$ 1

Da die Diskriminante $D < 0$ ist, gibt es keine Lösung und somit keine
Schnittpunkte.   1

b) 🕒 8 Minuten, 📖📚
Hilfreich ist hier eine Überlegungsskizze (siehe rechts).

Der vertikale Abstand von f und g ist über die Differenzfunktion gegeben:
$d(x) = f(x) - g(x) = x^2 - 9x + 22$

Gesucht ist der relative Tiefpunkt dieser Differenzfunktion.

Notwendige Bedingung: $d'(x) = 0$

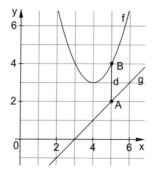

Definiert man die 1. Ableitungsfunktion a(x) der Funktion d(x) und berechnet die Nullstellen der Funktion a(x), so erhält man als mögliche Extremstelle $x = 4{,}5$.

Die Funktion a(x) hat an der Stelle $x = 4{,}5$ einen „–/+"-Vorzeichenwechsel, weshalb $x = 4{,}5$ eine Minimumstelle ist.

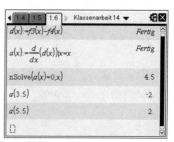

c) 🕒 3 Minuten, 📖.
$d(4{,}5) = 1{,}75$

Der kürzeste Abstand zwischen den Funktionen f und g beträgt 1,75 LE.

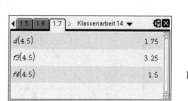

Entsprechende Punkte auf den Graphen f und g:
A(4,5 | 1,5)
B(4,5 | 3,25)

3 a) 🕒 5 Minuten, 📖 / 📖📚
Der Parameter a beeinflusst die Lage des lokalen Hochpunkts nicht, aber dafür die Lage des lokalen Tiefpunkts. Dieser wandert immer weiter nach rechts und nach unten, je größer a gewählt wird.

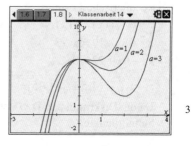

b) 🕐 6 Minuten, 🔖🔖

In Teilaufgabe a konnte man sehen, dass die Graphen den lokalen Hochpunkt gemeinsam haben. Dies gilt es nun rechnerisch nachzuweisen. Dazu setzt man zwei beliebige Funktionen der Schar gleich.

$$f_{a_1}(x) = f_{a_2}(x)$$ 1

$$x^3 - a_1 x^2 + 6 = x^3 - a_2 x^2 + 6$$

$$-a_1 x^2 = -a_2 x^2$$ 1

$$-a_1 x^2 + a_2 x^2 = 0$$

$$x^2(-a_1 + a_2) = 0$$ 1

Die Gleichung ist nur erfüllt, wenn entweder $x = 0$ oder $a_1 = a_2$ ist. Die zweite Lösung kommt nicht infrage, da es sich dann bei beiden Graphen um denselben Graphen handeln würde. Also muss $x = 0$ sein.   1

$$f_a(0) = 6$$

Der gemeinsame Punkt aller Graphen ist $P(0|6)$.   1

c) 🕐 12 Minuten, 🔖🔖 / 🔖🔖🔖.

Anmerkung: Da ein Parameter in der Funktionsgleichung vorkommt, muss der Extrempunkt per Hand berechnet werden, da der GTR nicht symbolisch rechnen kann.

$$f'_a(x) = 3x^2 - 2ax$$ 1

Notwendige Bedingung: $f'_a(x) = 0$
$0 = 3x^2 - 2ax$
$0 = x(3x - 2a)$ 1

$\Rightarrow x_1 = 0$ oder $3x - 2a = 0$

$$x_2 = \frac{2}{3}a$$ 2

Hinreichende Bedingung: $f'_a(x) = 0$ und Vorzeichenwechselkriterium

Intervall	$x < 0$	0	$0 < x < \frac{2}{3}a$	$\frac{2}{3}a$	$x > \frac{2}{3}a$
x_0	-1	0	$\frac{1}{3}a$	$\frac{2}{3}a$	a
$f'(x_0)$	$3 + 2a$	0	$-\frac{1}{3}a^2$	0	a^2
	$+$	0	$-$	0	$+$

3

An der Stelle x = 0:
Vorzeichenwechsel von + nach − ⇒ lokales Maximum | 1

An der Stelle $x = \frac{2}{3}a$:
Vorzeichenwechsel von − nach + ⇒ lokales Minimum | 1

$f_a(0) = 6 \Rightarrow H(0|6)$ | 1

$$f_a\left(\frac{2}{3}a\right) = \left(\frac{2}{3}a\right)^3 - a \cdot \left(\frac{2}{3}a\right)^2 + 6 = \frac{8}{27}a^3 - \frac{4}{9}a^3 + 6 = -\frac{4}{27}a^3 + 6$$

$\Rightarrow T\left(\frac{2}{3}a \mid -\frac{4}{27}a^3 + 6\right)$ | 1

4 a) ⏰ 8 Minuten, 📘 / 📘📕

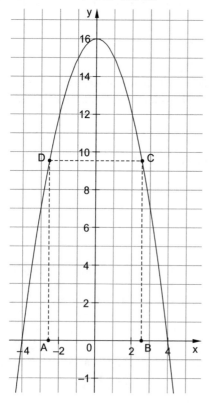

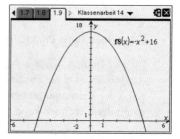

| 4

b) ⏱ 10 Minuten, 🌐🌐 / 🌐🌐🌐

$A(a, b) = a \cdot b$ Hauptbedingung: Flächeninhalt eines Rechtecks
$a = 2u$ Nebenbedingung: Länge des Rechtecks
$b = f(u)$ Nebenbedingung: Breite des Rechtecks

Zielfunktion:
$A(u) = 2u \cdot f(u) = 2u \cdot (-u^2 + 16) = -2u^3 + 32u$
$A'(u) = -6u^2 + 32$

Notwendige Bedingung: $A'(u) = 0$
$0 = -6u^2 + 32$
$6u^2 = 32$
$u^2 = \dfrac{32}{6}$

$\Rightarrow u_1 = \dfrac{4}{3}\sqrt{3}$ und $u_2 = -\dfrac{4}{3}\sqrt{3}$

Da u_2 nicht im Definitionsbereich liegt, entfällt diese Lösung.

Hinreichende Bedingung: $A'(u) = 0$ und Vorzeichenwechselkriterium

Intervall	$u < \tfrac{4}{3}\sqrt{3}$	$\tfrac{4}{3}\sqrt{3}$	$u > \tfrac{4}{3}\sqrt{3}$
u_0	$\sqrt{3}$	$\tfrac{4}{3}\sqrt{3}$	$2\sqrt{3}$
$A'(u_0)$	14	0	−40
	+	0	−

An der Stelle $u = \tfrac{4}{3}\sqrt{3}$:

Vorzeichenwechsel von + nach −
$\Rightarrow$ lokales Maximum

$A\left(\dfrac{4}{3}\sqrt{3}\right) \approx 49{,}3\ [\text{FE}]$

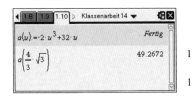

c) ⏱ 10 Minuten, 🌐🌐 / 🌐🌐🌐

$U(a, b) = 2(a + b)$ Hauptbedingung: Umfang eines Rechtecks
$a = 2u$ Nebenbedingung: Länge des Rechtecks
$b = f(u)$ Nebenbedingung: Breite des Rechtecks

Zielfunktion:
$U(u) = 2(2u + f(u)) = 2(2u + (-u^2 + 16)) = 4u - 2u^2 + 32 = -2u^2 + 4u + 32$
$U'(u) = -4u + 4$

Notwendige Bedingung: $U'(u) = 0$
$0 = -4u + 4$
$u = 1$ ⟶ 1

Hinreichende Bedingung: $U'(u) = 0$ und Vorzeichenwechselkriterium

Intervall	$u_0 < 1$	1	$u_0 > 1$
u_0	0	1	2
$U'(u_0)$	4	0	−4
	+	0	−

⟶ 3

An der Stelle $u = 1$:
Vorzeichenwechsel von + nach − ⇒ lokales Maximum ⟶ 1
$U(1) = -2 \cdot 1^2 + 4 \cdot 1 + 32 = 34$ [LE] ⟶ 2

Klassenarbeiten zum Themenbereich 5
- Koordinatengeometrie
- Kreis, Kreistangente
- Strahlensatz

Klassenarbeit 15

BE

1 Gegeben ist die Gerade g: $4x - 2y = 2$.

a) Bestimme die fehlenden Koordinaten der Punkte $A(3\,|\,\square)$ und $B(\square\,|\,-9)$, die auf der Geraden g liegen. 4

b) Bestimme den Abstand d der Punkte A und B und den Mittelpunkt der Strecke $\overline{AB}$. 5

c) Zusätzlich ist der Punkt $C(-3\,|\,8)$ gegeben. Bestimme eine Gleichung der Geraden h in der Form $ax + by = c$, die durch die Punkte C und A verläuft. 5

d) Zeige, dass die Geraden g und h senkrecht zueinander verlaufen. 4

2 Gegeben sind zwei Kreise K_1 und K_2.
Der Kreis K_1 hat den Mittelpunkt $M_1(4\,|\,5)$ und einen Radius von 3 cm.
Der Kreis K_2 hat den Mittelpunkt $M_2(-2\,|\,8)$ und den Radius 6 cm.

a) Begründe, dass der Kreis K_1 durch die Gleichung $(x-4)^2 + (y-5)^2 = 9$ beschrieben wird.
Gib die Kreisgleichung für den Kreis K_2 an und erläutere diese. 5

b) Wo liegen bezüglich des Kreises K_1 die drei Punkte $C(5,5\,|\,6)$, $D(1\,|\,6)$ und $E(1\,|\,5)$? Begründe deine Antwort. 6

c) Die Gerade g: $-4,8x + 2,4y = 0$ verläuft durch die Schnittpunkte der Kreise K_1 und K_2. Berechne die Schnittpunkte der Kreise, indem du g mit K_1 schneidest. Bestätige dann durch eine Rechnung, dass diese Punkte auch auf dem Kreis K_2 liegen. 10

3 Gegeben ist der Kreis K mit dem Mittelpunkt $M(7\,|\,4)$. Ein Punkt, der auf der Kreislinie liegt, sei $C(5\,|\,3)$.

a) Stelle die Kreisgleichung auf. 3

b) Bestimme die Gleichung der Tangente durch den Kreispunkt $B(6\,|\,6)$ in der Form $ax + by = c$. 7

c) Bestimme die Schnittpunkte der Geraden mit den Koordinatenachsen. 4

4 a) Zeichne die Punkte $A(3\,|\,4\,|\,2)$, $B(-1\,|\,4\,|\,3)$ und $C(0\,|\,-2\,|\,3)$ in ein räumliches Koordinatensystem. Zeichne auch die entsprechenden Koordinatenzüge ein. 6

b) Gib jeweils zwei mögliche weitere Punkte an, die im Schrägbild an derselben Stelle wie Punkt A, Punkt B bzw. Punkt C erscheinen. 6

5 a) Bestimme jeweils Radius und Mittelpunkt des Kreises.
K_a: $x^2 + y^2 - 20x - 10y = -116$
K_b: $x^2 + y^2 - 4x - 2y = 0$ 8

b) Untersuche die Lagebeziehung der beiden Kreise K_a und K_b und begründe deine Antwort.   4

c) Zeichne beide Kreise K_a und K_b in ein gemeinsames Koordinatensystem. Zeichne auch alle Geraden ein, die Tangente an den Kreis K_a und gleichzeitig Tangente an den Kreis K_b sind.   6

6 Beschreibe jeweils die Punktmenge, die von den angegebenen Punkten im räumlichen Koordinatensystem gebildet wird.

a) $P(x|y|0)$ mit $x, y \in \mathbb{R}$ 3

b) $Q(0|0|z)$ mit $z \in \mathbb{R}$ 3

c) $R(x|0|z)$ mit $x \geq 0$ und $z \geq 0$ 3

d) $S(x|y|-2)$ mit $x, y \in \mathbb{R}$ 3

So lange habe ich gebraucht: _____ / 90 min

So viele BE habe ich erreicht: _____ / 95 BE

Note	1	2	3	4	5	6
BE	95 – 83	82 – 69	68 – 56	55 – 43	42 – 17	16 – 0

Hinweise und Tipps

1
- Setze die gegebene Koordinate in die Geradengleichung ein und berechne die fehlende.
- Setze die Koordinaten der Punkte A und B in die Abstandsformel ein.
- Die Koordinaten des Mittelpunktes ergeben sich über $\frac{1}{2}(x_A + x_B)$ bzw. $\frac{1}{2}(y_A + y_B)$.
- Ermittle zuerst die Steigung der Geraden durch die Gleichung $m = \frac{\Delta y}{\Delta x}$. Berechne dann den Achsenabschnitt.
- Zwei Geraden verlaufen senkrecht, wenn $m_1 \cdot m_2 = -1$ gilt.

2
- Gehe von der allgemeinen Kreisgleichung aus und erläutere die darin vorkommenden Terme.
- Setze die Punkte in die Kreisgleichung von K_1 ein und erläutere dann die sich ergebenden Aussagen.
- Setze g in K_1 ein und löse die sich ergebende quadratische Gleichung.
- Die berechneten Schnittpunkte müssen nun in die Kreisgleichung des Kreises K_2 eingesetzt werden. Es müssen sich wahre Aussagen ergeben.

3
- Setze in die allgemeine Kreisgleichung $(x - x_M)^2 + (y - y_M)^2 = r^2$ ein. Den Radius muss man über den Abstand von M und C berechnen.
- Beachte: Der Radius des Kreises steht immer senkrecht auf der Tangente.
- Ermittle die Geradensteigung durch die Punkte M und B. Durch die Bedingung $m_{MB} \cdot m_t = -1$ erhält man die Tangentensteigung.
- Setze nacheinander für x bzw. y null ein und berechne die andere Koordinate des Punktes.

4
- Beachte, welche Koordinate zu welcher Achse in deinem Koordinatensystem gehört. Starte am Punkt $(0|0|0)$ und nutze von dort aus die Koordinaten.

5
- Durch quadratische Ergänzung können die gegebenen Gleichungen in die allgemeine Form $(x - x_M)^2 + (y - y_M)^2 = r^2$ überführt werden.
- Berechne bei Teil b den Abstand der beiden Mittelpunkte zueinander. Vergleiche diesen mit der Summe der beiden Radien.
- Tangenten berühren die Kreislinie und stehen auf dem Radius senkrecht.

6
- Skizziere jeweils ein Koordinatensystem und trage einige Punkte mit der jeweiligen Eigenschaft ein. Stelle dir dann die Punktmenge vor.

Lösung

BE

1 a) 🕐 3 Minuten, 🧠

Punkt A

$4 \cdot 3 - 2y = 2$ 1

$\quad -2y = -10$

$\quad\quad y = 5 \quad\Rightarrow\quad A = (3 \mid 5)$ 1

Punkt B

$4x - 2 \cdot (-9) = 2$ 1

$\quad\quad 4x = -16$

$\quad\quad\; x = -4 \quad\Rightarrow\quad B = (-4 \mid -9)$ 1

b) 🕐 4 Minuten, 🧠 / 🧠🧠

Abstand der Punkte A und B

$d = \sqrt{(x_B - x_A)^2 + (y_B - y_A)^2} = \sqrt{(-4-3)^2 + (-9-5)^2} = \sqrt{245}$ 2

Mittelpunkt der Strecke $\overline{AB}$

$x_M = \dfrac{1}{2}(x_A + x_B) = \dfrac{1}{2}(3 + (-4)) = -\dfrac{1}{2}$ 1

$y_M = \dfrac{1}{2}(y_A + y_B) = \dfrac{1}{2}(5 + (-9)) = -2$ 1

$\Rightarrow\quad M_{\overline{AB}} = \left(-\dfrac{1}{2} \;\middle|\; -2\right)$ 1

c) 🕐 4 Minuten, 🧠🧠

Bestimmung der Geradensteigung m

$m = \dfrac{\Delta y}{\Delta x} = \dfrac{y_C - y_A}{x_C - x_A} = \dfrac{8-5}{-3-3} = \dfrac{3}{-6} = -\dfrac{1}{2}$ 2

Bestimmung des Achsenabschnitts b aus $y = mx + b$

$b = y - mx = 8 - \left(-\dfrac{1}{2}\right) \cdot (-3) = 8 - \dfrac{3}{2} = \dfrac{13}{2}$ 2

$\Rightarrow\quad h:\; y = -\dfrac{1}{2}x + \dfrac{13}{2}$ 1

Allgemeine Form:

$h:\; \dfrac{1}{2}x + y = \dfrac{13}{2}$

d) ⏲ 3 Minuten, 🧠🧠

g und h stehen senkrecht zueinander, wenn $m_g \cdot m_h = -1$ gilt. $m_h = -\frac{1}{2}$ ist in Teilaufgabe c aus dem Zwischenergebnis ablesbar.

Umformung von g in die Form $y = mx + b$:
$$4x - 2y = 2$$
$$-2y = -4x + 2$$
$$y = 2x - 1$$
$$\Rightarrow m_g = 2$$

Einsetzen in $m_g \cdot m_h = -1$:
$$2 \cdot \left(-\frac{1}{2}\right) = -1 \checkmark$$

$\Rightarrow$ g und h stehen senkrecht aufeinander.

2 a) ⏲ 4 Minuten, 🧠 / 🧠🧠

Kreis K_1

In der allgemeinen Kreisgleichung $(x - x_M)^2 + (y - y_M)^2 = r^2$ sind die Mittelpunktskoordinaten und das Quadrat des Radius enthalten. Aus der gegebenen Gleichung ist $M(4|5)$ ablesbar. Weiterhin kann über $r^2 = 9$ der Radius $r = 3$ abgelesen werden.

Kreis K_2

In die allgemeine Kreisgleichung werden $M(-2|8)$ und $r = 6$ eingesetzt.
$$(x + 2)^2 + (y - 8)^2 = 36$$

b) ⏲ 5 Minuten, 🧠 / 🧠🧠

Punkt C
$$(5{,}5 - 4)^2 + (6 - 5)^2 = 9$$
$$1{,}5^2 + 1^2 = 9$$
$$3{,}25 = 9 \quad \text{falsche Aussage}$$

C liegt innerhalb des Kreises, da $3{,}25 < 9$.

Punkt D
$$(1 - 4)^2 + (6 - 5)^2 = 9$$
$$(-3)^2 + 1^2 = 9$$
$$10 = 9 \quad \text{falsche Aussage}$$

D liegt außerhalb des Kreises, da $10 > 9$.

Punkt E
$(1-4)^2 + (5-5)^2 = 9$
$\quad (-3)^2 + 0^2 = 9$
$\quad\quad\quad 9 = 9 \quad$ wahre Aussage $\hfill 1$

E liegt auf der Kreislinie. $\hfill 1$

c) 🕒 8 Minuten, 🧮📐

g nach y auflösen:
$-4,8x + 2,4y = 0$
$\quad 2,4y = 4,8x$
$\quad\quad y = 2x \hfill 1$

g in K_1 einsetzen:
$\quad (x-4)^2 + (2x-5)^2 = 9 \hfill 1$
$x^2 - 8x + 16 + 4x^2 - 20x + 25 = 9$
$\quad\quad 5x^2 - 28x + 32 = 0$
$\quad\quad x^2 - \frac{28}{5}x + \frac{32}{5} = 0 \hfill 1$

$\Rightarrow x_{1/2} = \frac{28}{10} \pm \sqrt{\left(-\frac{28}{10}\right)^2 - \frac{32}{5}} = \frac{28}{10} \pm \frac{12}{10} \hfill 1$

$\Rightarrow x_1 = \frac{40}{10} = 4 \quad$ und $\quad x_2 = \frac{16}{10} = 1,6 \hfill 2$

Zur Bestimmung der zugehörigen y-Koordinaten werden die x-Koordinaten in g eingesetzt:

$y_1 = 2 \cdot 4 = 8 \quad \Rightarrow \quad S_1(4 | 8) \hfill 1$

$y_2 = 2 \cdot 1,6 = 3,2 \quad \Rightarrow \quad S_2(1,6 | 3,2) \hfill 1$

Um zu überprüfen, ob die Schnittpunkte auch auf K_2 liegen, werden sie in die Gleichung für K_2 eingesetzt. Es muss sich eine wahre Aussage ergeben.

S_1 in K_2:
$(4+2)^2 + (8-8)^2 = 36$
$\quad\quad 6^2 = 36 \quad$ wahre Aussage $\hfill 1$

S_1 liegt auch auf K_2.

S_2 in K_2:
$$(1{,}6+2)^2 + (3{,}2-8)^2 = 36$$
$$3{,}6^2 + (-4{,}8)^2 = 36$$
$$36 = 36 \quad \text{wahre Aussage}$$
S_2 liegt auch auf K_2.

3 a) ⏱ 4 Minuten,

Für die Kreisgleichung braucht man den Radius. Dieser lässt sich mithilfe von M und C berechnen, denn die Länge der Strecke $\overline{MC}$ ist r.

$$r = \sqrt{(x_C - x_M)^2 + (y_C - y_M)^2} = \sqrt{(5-7)^2 + (3-4)^2} = \sqrt{5}$$

Kreisgleichung:
$$(x-7)^2 + (y-4)^2 = 5$$

b) ⏱ 6 Minuten,

Die Tangente im Punkt B steht senkrecht auf dem Radius, also verläuft die Tangente senkrecht zur Geraden durch die Punkte M und B.

Steigung der Geraden durch M und B:
$$m_{MB} = \frac{\Delta y}{\Delta x} = \frac{y_B - y_M}{x_B - x_M} = \frac{6-4}{6-7} = -2$$

Tangentensteigung:
$$m_t = -\frac{1}{m_{MB}} = -\frac{1}{-2} = \frac{1}{2}$$

Achsenabschnitt der Tangente:
$$y_t = m_t \cdot x + b$$
$$6 = \frac{1}{2} \cdot 6 + b \qquad \text{Einsetzen von B(6|6)}$$
$$b = 3$$

Tangentengleichung:
$$y_t = \frac{1}{2}x + 3$$

bzw. $-\frac{1}{2}x + y = 3$

c) ⏲ 3 Minuten, 🌐 / 🌐🔍
Schnittpunkt mit der x-Achse (y = 0):

$\frac{1}{2}x + 3 = 0$
$x = -6 \Rightarrow S_x(-6|0)$

1
1

Schnittpunkt mit der y-Achse (x = 0):
$y = 3 \Rightarrow S_y(0|3)$

2

4 a) ⏲ 7 Minuten, 🌐

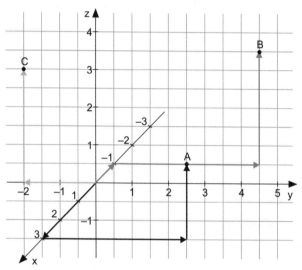

6

b) ⏲ 6 Minuten, 🌐🔍
z. B. A(0|2,5|0,5) oder A(−1|2|0)
z. B. B(0|4,5|3,5) oder B(−2|3,5|2,5)
z. B. C(2|−1|4) oder C(−2|−3|2)

2
2
2

5 a) ⏲ 10 Minuten, 🌐🔍
Damit Radius und Mittelpunkt abgelesen werden können, müssen die Gleichungen in die Form der allgemeinen Kreisgleichung gebracht werden. Hierzu müssen zwei quadratische Ergänzungen durchgeführt werden.

Kreis K_a

$$x^2 + y^2 - 20x - 10y = -116$$
$$x^2 - 20x + y^2 - 10y = -116$$
$$x^2 - 20x + 10^2 + y^2 - 10y + 5^2 = -116 + 10^2 + 5^2$$
$$(x-10)^2 + (y-5)^2 = 9$$

$\Rightarrow$ M(10|5) und r = 3

Kreis K_b

$$x^2 + y^2 - 4x - 2y = 0$$
$$x^2 - 4x + y^2 - 2y = 0$$
$$x^2 - 4x + 2^2 + y^2 - 2y + 1^2 = 2^2 + 1^2$$
$$(x-2)^2 + (y-1)^2 = 5$$

$\Rightarrow$ M(2|1) und r = $\sqrt{5}$

b) ⏱ 4 Minuten,

Summe der Radien:

$r_a + r_b = 3 + \sqrt{5} \approx 5{,}24$

Abstand der Mittelpunkte:

$d = \sqrt{(10-2)^2 + (5-1)^2} = \sqrt{8^2 + 4^2} = \sqrt{80} \approx 8{,}94$

Da $\sqrt{80} > 3 + \sqrt{5}$ ist, haben K_a und K_b weder gemeinsame Punkte noch berühren sie sich.

c) ⏱ 7 Minuten,

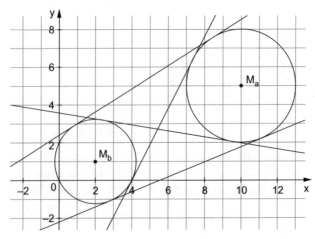

6 a) ⏲ 3 Minuten, 🌍 / 🌍🌍
Zum Beispiel gehören die Punkte
$P_1(1|2|0)$, $P_2(3|0|0)$ und
$P_3(-2|-1|0)$ zur Punktmenge P.
Die Punktmenge bildet die
x-y-Ebene des Koordinaten-
systems.

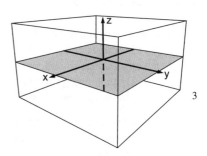

b) ⏲ 3 Minuten, 🌍 / 🌍🌍
Zum Beispiel gehören die Punkte $Q_1(0|0|2)$, $Q_2(0|0|5)$ und
$Q_3(0|0|-3)$ zur Punktmenge Q. Die Punktmenge bildet die z-Achse.

c) ⏲ 3 Minuten, 🌍🌍 / 🌍🌍🌍
Zum Beispiel gehören die Punkte
$R_1(2|0|1)$, $R_2(1|0|3)$ und
$R_3(4|0|5)$ zur Punktmenge R. Die
Punktmenge bildet den I. Quadranten der x-z-Ebene des Koordina-
tensystems.

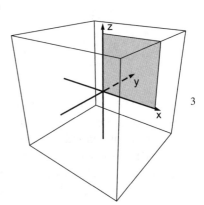

d) ⏲ 3 Minuten, 🌍🌍 / 🌍🌍🌍
Zum Beispiel gehören die Punkte
$S_1(2|3|-2)$, $S_2(1|-2|-2)$ und
$S_3(-5|3|-2)$ zur Punktmenge S.
Die Punktmenge bildet eine zur
x-y-Ebene parallele Ebene in der
z-Höhe -2.

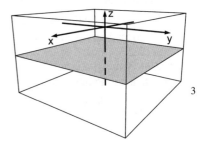

Klassenarbeit 16

BE

1 a) Gegeben ist die rechts abgebildete Strahlensatzfigur. Gib jeweils 2 unterschiedliche Verhältnisgleichungen für den ersten und den zweiten Strahlensatz an.

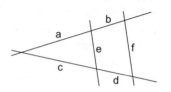

4

b) Ergänze die fehlenden Zähler bzw. Nenner in den Verhältnisgleichungen.

$\dfrac{a}{d} = \dfrac{\blacksquare}{\blacksquare}$; $\dfrac{e}{\blacksquare} = \dfrac{\blacksquare}{c}$; $\dfrac{d}{\blacksquare} = \dfrac{\blacksquare}{e}$

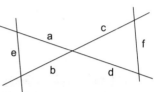

3

2 Berechne die fehlenden Streckenlängen in den Strahlensatzfiguren.

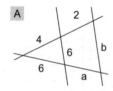 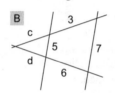 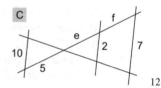

12

3 Gegeben ist das Dreieck ABC mit A(1|3), B(4|0) und C(4|6).

a) Bilde das Dreieck ABC mithilfe der zentrischen Streckung mit dem Streckzentrum Z(2|1) und dem Streckfaktor $k=2$ auf das Bilddreieck A'B'C' ab. Gib die Koordinaten der Bildpunkte an. 6

b) Weise nach, dass das Dreieck ABC rechtwinklig ist, und begründe, dass auch das Bilddreieck A'B'C' rechtwinklig ist. 11

c) Berechne den Flächeninhalt des Dreiecks ABC und begründe, dass der Flächeninhalt des Bilddreiecks viermal so groß ist. 5

d) Begründe: Der Flächeninhalt eines Dreiecks verändert sich durch die zentrische Streckung um den Faktor k^2. 4

4 Bestimme die kürzeste Entfernung zwischen den Punkten A und B mithilfe des Lageplans [alle Angaben in Meter].

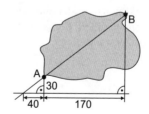

6

5 Berechne die gesuchten Größen.

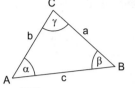

a) Gegeben: $\gamma = 90°$, $a = 7$ cm, $\beta = 36°$
   Gesucht: α, b, c   6

b) Gegeben: $\gamma = 90°$, $b = 6$ cm, $a = 5$ cm
   Gesucht: α, β, c   6

c) Der Fußpunkt F der Höhe h_c teilt die Strecke $\overline{AB}$ in die Abschnitte $\overline{AF}$ und $\overline{FB}$.
   Gegeben: $\overline{AF} = 3$ cm, $h_c = 5$ cm, $\beta = 40°$
   Gesucht: Umfang und Flächeninhalt des Dreiecks   12

6 Die Theater-AG der Schule benötigt für ihre Aufführung eine gerade quadratische Pyramide im Bühnenbild. Die Seitenfläche soll eine Höhe h_a von 4 m besitzen. Die vier dreieckigen Seitenflächen sollen mit Stoff überzogen werden. Es stehen 20 m² Stoff zur Verfügung. Für die Schneiderarbeiten muss mit 20 % Verschnitt gerechnet werden.

a) Skizziere die Pyramide und benenne darin wichtige Längen.   3

b) Berechne die Kantenlänge der Grundfläche.   3

c) Das Gestell der Pyramide (4 Seitenkanten und 4 Grundflächenkanten) soll aus Dachlatten bestehen. Berechne die gesamte Länge.   4

d) Zur Befestigung der Latten werden vorgefertigte Winkel benötigt. Berechne die Winkelgröße zwischen Grundkante a und Seitenkante s. 3

7 Sebastians Eltern wollen eine marode Treppe, die von ihrer Terrasse zur Garage führt, durch eine gepflasterte Rampe ersetzen. Die Terrasse liegt 80 cm oberhalb des Garagenbodens und ist 4 m von der hinteren Garagenwand entfernt.

a) Fertige eine passende Skizze an.   2

b) Berechne den Steigungswinkel der Rampe.   2

c) Die Rampe selber ist 1,5 m breit. Berechne die zu pflasternde Fläche. 4

So lange habe ich gebraucht: _____ / 90 min

So viele BE habe ich erreicht: _____ / 96 BE

Note	1	2	3	4	5	6
BE	96 – 84	83 – 70	69 – 57	56 – 43	42 – 18	17 – 0

Hinweise und Tipps

1
- Im ersten Strahlensatz werden nur zugehörige Strahlenabschnitte ins Verhältnis gesetzt.
- Im zweiten Strahlensatz werden auch die Parallelenabschnitte ins Verhältnis gesetzt.

2
- Es ist egal, in welcher Reihenfolge die unbekannten Längen berechnet werden.
- Beide Strahlensätze müssen angewendet werden.

3
- Trage die Punkte A, B und C sowie das Streckzentrum Z ein.
  Beachte: Beim Strecken mit $k=2$ wird die Bildlänge (z. B. $\overline{ZA'}$) doppelt so lang wie die Originallänge (z. B. $\overline{ZA}$).
- Berechne die Seitenlängen und bestätige die Rechtwinkligkeit mit dem Satz des Pythagoras.
- Setze in die Flächeninhaltsgleichung die sich verändernden Dreieckslängen ein.

4
- Nutze neben dem ersten Strahlensatz auch den Satz des Pythagoras.
- Rechtwinklige Dreiecke sind in der Skizze erkennbar.

5
- Nutze Winkelbeziehungen im rechtwinkligen Dreieck.
- Fertige für die Teilaufgabe c noch eine Skizze an. Trage die gegebenen Größen ein.

6
- Zeichne ein Schrägbild der Pyramide. Trage Körperhöhe, Grundkantenlänge, Seitenkantenlänge und Seitenflächenhöhe ein.
- Berechne zuerst den Flächeninhalt der 4 Seitenflächen. Nutze die Prozentrechnung. Welche Größe ist hierfür gegeben?
- Berechne dann die Grundkantenlänge aus der Formel für die Mantelfläche.
- Die Seitenkante s kann als Hypotenuse eines rechtwinkligen Dreiecks berechnet werden.
- Nutze bei Teil d Winkelbeziehungen im rechtwinkligen Dreieck.

7
- Fertige die Skizze an und trage die gegebenen Längen ein.
- Nutze Winkelbeziehungen im rechtwinkligen Dreieck.
- Berechne zuerst die Länge der Rampe. Dann kann der Flächeninhalt ermittelt werden.

Lösung

BE

1 a) 🕐 3 Minuten, ⚫/⚫⚫
1. Strahlensatz:

z. B. $\dfrac{c}{d} = \dfrac{a}{b}$ und $\dfrac{c}{c+d} = \dfrac{a}{a+b}$

2

2. Strahlensatz:

z. B. $\dfrac{c}{e} = \dfrac{c+d}{f}$ und $\dfrac{a+b}{f} = \dfrac{a}{e}$

2

b) 🕐 4 Minuten, ⚫/⚫⚫
$\dfrac{a}{d} = \dfrac{b}{c}$; $\dfrac{e}{b} = \dfrac{f}{c}$; $\dfrac{d}{f} = \dfrac{a}{e}$

3

2 🕐 12 Minuten, ⚫/⚫⚫

Figur A

$\dfrac{a}{2} = \dfrac{6}{4} \quad \Rightarrow \quad a = 3$

2

$\dfrac{b}{4+2} = \dfrac{6}{4} \quad \Rightarrow \quad b = \dfrac{6 \cdot 6}{4} = 9$

2

Figur B

$\dfrac{c}{5} = \dfrac{c+3}{7}$

$7c = 5 \cdot (c+3)$

$7c = 5c + 15$

$2c = 15 \quad \Rightarrow \quad c = 7{,}5$

2

$\dfrac{d}{7{,}5} = \dfrac{6}{3} \quad \Rightarrow \quad d = 15$

2

Figur C

$\dfrac{e}{2} = \dfrac{5}{10} \quad \Rightarrow \quad e = 1$

2

$\dfrac{f+1}{7} = \dfrac{1}{2}$

$f + 1 = 3{,}5 \quad \Rightarrow \quad f = 2{,}5$

2

3 a) ⏲ 7 Minuten, 😊 / 😊😊

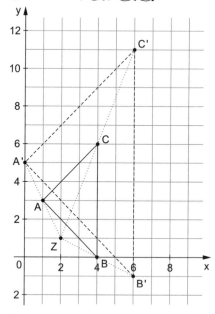

A'(0|5)
B'(6|−1)
C'(6|11)

6

b) ⏲ 6 Minuten, 😊😊

Das Dreieck ist rechtwinklig, wenn der Satz des Pythagoras auf die Seitenlängen anwendbar ist.

Berechnung der Seitenlängen:

$\overline{AB} = \sqrt{(x_A - x_B)^2 + (y_A - y_B)^2} = \sqrt{(1-4)^2 + (3-0)^2} = \sqrt{18}$ 2

$\overline{AC} = \sqrt{(x_A - x_C)^2 + (y_A - y_C)^2} = \sqrt{(1-4)^2 + (3-6)^2} = \sqrt{18}$ 2

$\overline{BC} = \sqrt{(x_B - x_C)^2 + (y_B - y_C)^2} = \sqrt{(4-4)^2 + (0-6)^2} = \sqrt{36}$ 2

Satz des Pythagoras:
$\overline{BC}^2 = \overline{AB}^2 + \overline{AC}^2$
$36 = 18 + 18$ ✓   1

△ABC ist rechtwinklig.   1

Da es sich bei einer zentrischen Streckung um eine Ähnlichkeitsabbildung handelt, also um eine Abbildung, die parallelentreu bzw. winkeltreu ist, bleibt der rechte Winkel erhalten. Das Bilddreieck △A'B'C' ist auch rechtwinklig.

3

c) ⏱ 4 Minuten, 📖 / 📖📚
Flächeninhalt des Dreiecks ABC:

$$A_{\triangle ABC} = \frac{\overline{AC} \cdot \overline{AB}}{2} = \frac{\sqrt{18} \cdot \sqrt{18}}{2} = 9 \,[FE]$$ 2

Bei zentrischer Streckung mit k=2 verdoppeln sich in der Bildfigur jeweils die Seitenlängen, womit folgt:

$$A_{\triangle A'B'C'} = \frac{\overline{A'C'} \cdot \overline{A'B'}}{2} = \frac{2 \cdot \overline{AC} \cdot 2 \cdot \overline{AB}}{2} = 4 \cdot \frac{\overline{AC} \cdot \overline{AB}}{2} = 4 \cdot A_{\triangle ABC}$$ 3

d) ⏱ 5 Minuten, 📖📚📖
Allgemein gilt: Die Seitenlängen der Bildfigur ergeben sich bei zentrischen Streckungen mit dem Faktor k als Produkt aus k und Originallänge.   2
Zur Berechnung von Flächeninhalten von Dreiecken wird immer ein Produkt aus zwei Seitenlängen gebildet. Man kann dann immer das Produkt $k \cdot k = k^2$ als Faktor vor den Originalterm schreiben.
So gilt: $A_{Bild} = k^2 \cdot A_{Original}$ 2

4 ⏱ 6 Minuten, 📖📚
Berechnung von y mit Satz des Pythagoras:

$$y^2 = (40\,m)^2 + (30\,m)^2$$
$$y = \sqrt{1\,600\,m^2 + 900\,m^2} = 50\,m$$ 3

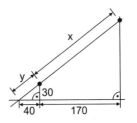

Berechnung von x mit 1. Strahlensatz:

$$\frac{x}{170\,m} = \frac{50\,m}{40\,m} \;\Rightarrow\; x = 212{,}5\,m$$ 3

Die kürzeste Entfernung ist 212,5 m.

5 a) ⏱ 4 Minuten, 📖
Innenwinkelsatz:
$$\alpha = 180° - (\beta + \gamma) = 180° - (36° + 90°) = 54°$$ 2

Bei C liegt ein rechter Winkel. Darum gilt:

$$\tan\beta = \frac{b}{a} \;\Rightarrow\; b = a \cdot \tan\beta = 7\,cm \cdot \tan 36° \approx 5{,}09\,cm$$ 2

$$\cos\beta = \frac{a}{c} \;\Rightarrow\; c = \frac{a}{\cos\beta} = \frac{7\,cm}{\cos 36°} \approx 8{,}65\,cm$$ 2

b) ⏱ 4 Minuten, 🌰 / 🌰🌰

Bei C liegt ein rechter Winkel. Darum gilt:

$$\tan \alpha = \frac{a}{b} = \frac{5}{6} \Rightarrow \alpha \approx 39{,}8°$$

Innenwinkelsatz:
$$\beta = 180° - (\alpha + \gamma) \approx 180° - (39{,}8° + 90°) = 50{,}2°$$

Satz des Pythagoras:
$$c = \sqrt{a^2 + b^2} = \sqrt{(5\text{ cm})^2 + (6\text{ cm})^2} = \sqrt{51\text{ cm}^2} \approx 7{,}14\text{ cm}$$

c) ⏱ 7 Minuten, 🌰🌰 / 🌰🌰🌰

Die Planskizze rechts veranschaulicht die Situation.

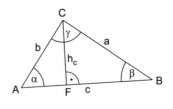

Satz des Pythagoras:

$$b^2 = \overline{AF}^2 + h_c^2$$
$$\Rightarrow b = \sqrt{(3\text{ cm})^2 + (5\text{ cm})^2}$$
$$\approx 5{,}83\text{ cm}$$

Da das Dreieck BCF rechtwinklig ist, folgt:

$$\tan \beta = \frac{h_c}{\overline{BF}} \Rightarrow \overline{BF} = \frac{h_c}{\tan \beta} = \frac{5\text{ cm}}{\tan 40°} \approx 5{,}96\text{ cm}$$

c ergibt sich als Streckensumme:
$$c = \overline{AF} + \overline{BF} \approx 3\text{ cm} + 5{,}96\text{ cm} = 8{,}96\text{ cm}$$

Da das Dreieck BCF rechtwinklig ist, gilt:

$$\sin \beta = \frac{h_c}{a} \Rightarrow a = \frac{h_c}{\sin \beta} = \frac{5\text{ cm}}{\sin 40°} \approx 7{,}78\text{ cm}$$

Nun ergibt sich für den Umfang sowie den Flächeninhalt:

$$U = a + b + c \approx 7{,}78\text{ cm} + 5{,}83\text{ cm} + 8{,}96\text{ cm} = 22{,}57\text{ cm}$$

$$A = \frac{c \cdot h_c}{2} \approx \frac{8{,}96\text{ cm} \cdot 5\text{ cm}}{2} = 22{,}4\text{ cm}^2$$

6 a) 3 Minuten,

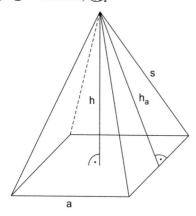

b) 6 Minuten,
Die Mantelfläche ist so groß wie die Stoffmenge abzüglich 20 %, also:
$M = (1 - 0{,}2) \cdot 20 \text{ m}^2 = 16 \text{ m}^2$

Aus der Formel für die Mantelfläche lässt sich die Kantenlänge a berechnen:

$$M = 4 \cdot A_{\text{Dreieck}} = 4 \cdot \frac{a \cdot h_a}{2} = 2a \cdot h_a$$

$$\Rightarrow a = \frac{M}{2h_a} = \frac{16 \text{ m}^2}{2 \cdot 4 \text{ m}} = 2 \text{ m}$$

c) 5 Minuten,
Zuerst muss die Seitenkantenlänge s berechnet werden. Hierzu kann man den Satz des Pythagoras nutzen:

$$s = \sqrt{h_a^2 + \left(\frac{a}{2}\right)^2} = \sqrt{(4 \text{ m})^2 + (1 \text{ m})^2} \approx 4{,}12 \text{ m}$$

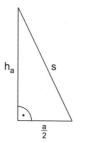

Gesamtlänge ℓ des Pyramidengestells:
$\ell = 4a + 4s = 4 \cdot (a + s) \approx 4 \cdot (2 \text{ m} + 4{,}12 \text{ m}) = 24{,}48 \text{ m}$

d) 4 Minuten,
Da ein rechtwinkliges Dreieck vorliegt, können trigonometrische Beziehungen verwendet werden.

$$\tan \alpha = \frac{h_a}{\frac{a}{2}} = \frac{4\,m}{1\,m}$$

$\Rightarrow \quad \alpha \approx 75{,}96°$

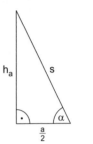

7 a) 4 Minuten,

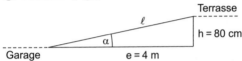

b) 2 Minuten,

$\tan \alpha = \dfrac{h}{e} = \dfrac{0{,}8}{4} \quad \Rightarrow \quad \alpha \approx 11{,}3°$

c) 4 Minuten,

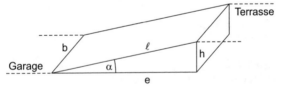

Über den Winkel α lässt sich die Länge ℓ der Rampe berechnen:

$\sin \alpha = \dfrac{h}{\ell}$

$\Rightarrow \quad \ell = \dfrac{h}{\sin \alpha} = \dfrac{0{,}8\,m}{\sin 11{,}3°} \approx 4{,}08\,m$

Zu pflasternde Fläche:
$A = \ell \cdot b = 4{,}08\,m \cdot 1{,}5\,m = 6{,}12\,m^2$

Klassenarbeit 17

BE

1 Gegeben sind die Vektoren $\vec{a} = \begin{pmatrix} 2 \\ -2 \\ 3 \end{pmatrix}$, $\vec{b} = \begin{pmatrix} 3 \\ 3 \\ 7 \end{pmatrix}$ und $\vec{c} = \begin{pmatrix} 1 \\ -5 \\ 9 \end{pmatrix}$.

Berechne die Koordinaten des Vektors, der durch folgende Linearkombination gegeben ist.

a) $\vec{a} + \vec{b}$ — 2

b) $\vec{a} - \vec{b}$ — 2

c) $\vec{a} + \vec{b} + \vec{c}$ — 2

d) $2 \cdot \vec{a} + 3 \cdot \vec{b} - \vec{c}$ — 3

e) $2(\vec{a} + \vec{b}) - 4\vec{c}$ — 3

2 Von einem Quader mit den Eckpunkten ABCDEFGH sind die Ecken A(5|3|0), B(5|6|0), D(−1|3|0) und E(5|3|6) gegeben.

a) Zeichne den Quader in ein Koordinatensystem. — 3

b) Gib die fehlenden Koordinaten der Eckpunkte C, F, G und H an. — 4

c) Beschreibe die Lage der Punkte I(−1|6|3) und K(−1|4,5|3). Trage sie mit in das Bild ein. — 4

3 Gegeben sind die Punkte A(3|2|−1), B(3|6|−1), C(1|6|2) und D(1|2|2).

a) Zeichne die vier Punkte mit Koordinatenzügen in ein Koordinatensystem. — 2

b) Bestimme die Vektoren $\overrightarrow{AB}$ und $\overrightarrow{CD}$. Überprüfe mit ihnen, ob die gegebenen Punkte aufeinanderfolgende Eckpunkte eines Parallelogramms sind. — 6

c) Berechne den Umfang des Vierecks ABCD. — 5

4 Gegeben sind die Punkte A(4|4|1) und B(2|7|2).

a) Bestimme die Länge des Vektors $\overrightarrow{AB}$. Berechne die Koordinaten M des Mittelpunktes der Strecke $\overline{AB}$ als Vektorkette. — 6

b) Ermittle den Vektor $\overrightarrow{MC}$, wenn der Punkt C die Koordinaten C(2|6|5) besitzt. — 2

c) Zeichne das Dreieck ABC und den Vektor $\overrightarrow{MC}$ in ein Koordinatensystem. — 3

d) Überprüfe rechnerisch, ob das Dreieck ABC rechtwinklig ist.
   Berechne den Umfang des Dreiecks. 13

5 Die Position eines Flugzeugs kann mit den Koordinaten des Punktes
P(x_1|x_2|x_3) beschrieben werden. Um die konstante Geschwindigkeit des
Fliegers zu bestimmen, muss nach einer gewissen Zeit wieder die Position
ermittelt werden.
Zu Beobachtungsbeginn befindet sich das Flugzeug im Punkt P_1(3|8|7).
Nach 90 Minuten mit konstanter Geschwindigkeit fliegend wird es im
Punkt P_2(9|2|4) geortet. (1 Längeneinheit $\hat{=}$ 100 km)

a) Welchen Weg hat das Flugzeug in 90 Minuten zurückgelegt? 5
b) Wie groß ist dabei die Geschwindigkeit in $\frac{km}{h}$? 3
c) Im Punkt P_3(−1|−2|−8) steht Lisa. Nähert sich das Flugzeug in den
   90 Minuten dem Standort von Lisa? 10

6 Eine Pyramide mit quadratischer Grundfläche hat als Eckpunkte die
Punkte A, B, C und D sowie als Spitze den Punkt S.

a) Gib die Koordinaten der fehlenden Eckpunkte C und D an, wenn
   A(0|2|0) und B(4|2|0) gegeben sind und wenn die Grundfläche in
   der positiven x_1x_2-Ebene liegen soll. 2
b) Bestimme den Schnittpunkt M der Diagonalen in der Grundfläche. 4
c) Die Pyramide ist 6 cm hoch, wobei die Spitze S senkrecht über M
   liegt. Gib die Koordinaten von S an. 3
d) Zeichne die Pyramide in ein Koordinatensystem. 3
e) Berechne den Winkel α zwischen der Grundkante und der
   Seitenkante. 13
f) Berechne den Neigungswinkel β zwischen einer Seitenfläche und der
   Grundfläche der Pyramide. 3
g) Berechne das Volumen und den Oberflächeninhalt der Pyramide. 9

So lange habe ich gebraucht: _____ / 100 min

So viele BE habe ich erreicht: _____ / 115 BE

Note	1	2	3	4	5	6
BE	115 – 100	99 – 84	83 – 68	67 – 52	51 – 21	20 – 0

Hinweise und Tipps

1
- Beim Addieren bzw. Subtrahieren musst du komponentenweise vorgehen:
  z. B. $\vec{a} + \vec{b} = \begin{pmatrix} a_1 \\ a_2 \\ a_3 \end{pmatrix} + \begin{pmatrix} b_1 \\ b_2 \\ b_3 \end{pmatrix} = \begin{pmatrix} a_1 + b_1 \\ a_2 + b_2 \\ a_3 + b_3 \end{pmatrix}$
- Bei der Multiplikation mit einer reellen Zahl wird diese mit jeder Komponente des Vektors multipliziert: z. B. $r \cdot \vec{a} = r \cdot \begin{pmatrix} a_1 \\ a_2 \\ a_3 \end{pmatrix} = \begin{pmatrix} r \cdot a_1 \\ r \cdot a_2 \\ r \cdot a_3 \end{pmatrix}$

2
- Achte beim Eintragen der Punkte auf die Reihenfolge $x_1 \rightarrow x_2 \rightarrow x_3$.
- Überlege, von den gegebenen Punkten ausgehend, welche Koordinaten die fehlenden Punkte besitzen müssen. Alle Teilflächen sind Rechtecke.
- Trage I und K in dein Bild ein und beschreibe, auf welcher Kante bzw. Teilfläche die Punkte liegen.

3
- Achte auf die Reihenfolge der Koordinaten.
- Wenn das Viereck ABCD ein Parallelogramm ist, gilt: $\overrightarrow{AB} = \overrightarrow{DC}$
- Bestimme bei Teil c die Beträge der Vektoren $\overrightarrow{AB}$ und $\overrightarrow{BC}$.

4
- Berechne den Vektor $\overrightarrow{AB}$ aus den Ortsvektoren $\overrightarrow{OA}$ und $\overrightarrow{OB}$. Die Länge des Vektors ist der Betrag des Vektors.
- Die Vektoren $\overrightarrow{OA}$ und $\overrightarrow{AB}$ können durch eine Linearkombination in den Vektor $\overrightarrow{OM}$ überführt werden.
- Nutze den Satz des Pythagoras. Es müssen alle Dreiecksseiten vorher berechnet werden.

5
- Ermittle den Abstand der Punkte P_1 und P_2 als Betrag des Vektors $\overrightarrow{P_1P_2}$. Beachte auch den gegebenen Maßstab.
- Für gleichförmige Bewegungen gilt: Geschwindigkeit $= \frac{\text{Weg}}{\text{Zeit}}$
- Bestimme die beiden Abstände zu P_3 und vergleiche diese.

6
- Die Grundfläche soll ein Quadrat sein und in der x_1x_2-Ebene liegen.
- Berechne $\overrightarrow{OM}$ als Linearkombination aus $\overrightarrow{AB}$ und $\overrightarrow{BC}$.
- Die Grundfläche liegt in der x_1x_2-Ebene. Es ändert sich nur die x_3-Komponente.
- Betrachte in der Pyramide Teildreiecke, mit denen du nötige Seitenlängen berechnen kannst.
- Wende trigonometrische Beziehungen und den Satz des Pythagoras an.

Lösung

BE

1 a) ⏲ 2 Minuten, 📖 / 📖📚

$$\vec{a}+\vec{b}=\begin{pmatrix}2\\-2\\3\end{pmatrix}+\begin{pmatrix}3\\3\\7\end{pmatrix}=\begin{pmatrix}2+3\\-2+3\\3+7\end{pmatrix}=\begin{pmatrix}5\\1\\10\end{pmatrix}$$

2

b) ⏲ 2 Minuten, 📖 / 📖📚

$$\vec{a}-\vec{b}=\begin{pmatrix}2\\-2\\3\end{pmatrix}-\begin{pmatrix}3\\3\\7\end{pmatrix}=\begin{pmatrix}2-3\\-2-3\\3-7\end{pmatrix}=\begin{pmatrix}-1\\-5\\-4\end{pmatrix}$$

2

c) ⏲ 2 Minuten, 📖 / 📖📚

$$\vec{a}+\vec{b}+\vec{c}=\begin{pmatrix}2\\-2\\3\end{pmatrix}+\begin{pmatrix}3\\3\\7\end{pmatrix}+\begin{pmatrix}1\\-5\\9\end{pmatrix}=\begin{pmatrix}2+3+1\\-2+3-5\\3+7+9\end{pmatrix}=\begin{pmatrix}6\\-4\\19\end{pmatrix}$$

2

d) ⏲ 2 Minuten, 📖📚

$$2\cdot\vec{a}+3\cdot\vec{b}-\vec{c}=2\cdot\begin{pmatrix}2\\-2\\3\end{pmatrix}+3\cdot\begin{pmatrix}3\\3\\7\end{pmatrix}-\begin{pmatrix}1\\-5\\9\end{pmatrix}=\begin{pmatrix}4+9-1\\-4+9+5\\6+21-9\end{pmatrix}=\begin{pmatrix}12\\10\\18\end{pmatrix}$$

3

e) ⏲ 2 Minuten, 📖📚

$$2(\vec{a}+\vec{b})-4\vec{c}=2\cdot\left(\begin{pmatrix}2\\-2\\3\end{pmatrix}+\begin{pmatrix}3\\3\\7\end{pmatrix}\right)-4\cdot\begin{pmatrix}1\\-5\\9\end{pmatrix}$$

$$=2\cdot\begin{pmatrix}5\\1\\10\end{pmatrix}-4\cdot\begin{pmatrix}1\\-5\\9\end{pmatrix}=\begin{pmatrix}10\\2\\20\end{pmatrix}-\begin{pmatrix}4\\-20\\36\end{pmatrix}=\begin{pmatrix}6\\22\\-16\end{pmatrix}$$

3

2 a) ⏲ 5 Minuten,

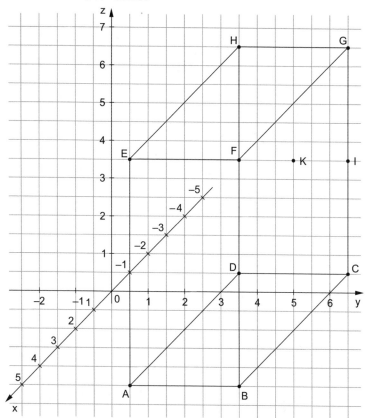

b) ⏲ 3 Minuten,
C(−1|6|0)
F(5|6|6)
G(−1|6|6)
H(−1|3|6)

c) ⏲ 3 Minuten,
Der Punkt I ist Mittelpunkt der Seite $\overline{CG}$, der Punkt K liegt in der Fläche CDHG und ist dort der Schnittpunkt der Flächendiagonalen $\overline{CH}$ und $\overline{DG}$.

3 a) ⏱ 4 Minuten, 🧩.

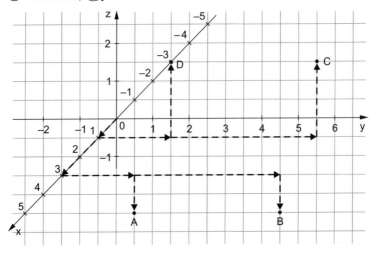

b) ⏱ 4 Minuten, 🧩🔍.

$$\vec{AB} = \vec{OB} - \vec{OA} = \begin{pmatrix} 3 \\ 6 \\ -1 \end{pmatrix} - \begin{pmatrix} 3 \\ 2 \\ -1 \end{pmatrix} = \begin{pmatrix} 0 \\ 4 \\ 0 \end{pmatrix}$$

$$\vec{CD} = \vec{OD} - \vec{OC} = \begin{pmatrix} 1 \\ 2 \\ 2 \end{pmatrix} - \begin{pmatrix} 1 \\ 6 \\ 2 \end{pmatrix} = \begin{pmatrix} 0 \\ -4 \\ 0 \end{pmatrix}$$

Der Gegenvektor zu $\vec{CD}$ ist $\vec{DC} = \begin{pmatrix} 0 \\ 4 \\ 0 \end{pmatrix}$. $\vec{DC} = \vec{AB}$, also ist das Viereck ABCD ein Parallelogramm.

c) ⏱ 4 Minuten, 🧩🔍.

Es gilt: $U = 2 \cdot |\vec{AB}| + 2 \cdot |\vec{BC}|$

$$\vec{BC} = \vec{OC} - \vec{OB} = \begin{pmatrix} 1 \\ 6 \\ 2 \end{pmatrix} - \begin{pmatrix} 3 \\ 6 \\ -1 \end{pmatrix} = \begin{pmatrix} -2 \\ 0 \\ 3 \end{pmatrix}$$

$|\vec{AB}| = \sqrt{0^2 + 4^2 + 0^2} = 4$ [LE]

$|\vec{BC}| = \sqrt{(-2)^2 + 0^2 + 3^2} = \sqrt{13}$ [LE]

$U = 2 \cdot 4 + 2 \cdot \sqrt{13} = 8 + 2\sqrt{13} \approx 15{,}21$ [LE]

4 a) ⏲ 4 Minuten, 🧠🧠 / 🧠🧠🧠.

$$\vec{AB} = \vec{OB} - \vec{OA} = \begin{pmatrix} 2 \\ 7 \\ 2 \end{pmatrix} - \begin{pmatrix} 4 \\ 4 \\ 1 \end{pmatrix} = \begin{pmatrix} -2 \\ 3 \\ 1 \end{pmatrix}$$

2

$$|\vec{AB}| = \sqrt{(-2)^2 + 3^2 + 1^2} = \sqrt{14} \text{ LE}$$

2

$$\vec{OM} = \vec{OA} + \frac{1}{2} \cdot \vec{AB} = \begin{pmatrix} 4 \\ 4 \\ 1 \end{pmatrix} + \frac{1}{2} \cdot \begin{pmatrix} -2 \\ 3 \\ 1 \end{pmatrix} = \begin{pmatrix} 3 \\ 5,5 \\ 1,5 \end{pmatrix}$$

Der Mittelpunkt heißt M(3 | 5,5 | 1,5).

2

b) ⏲ 2 Minuten, 🧠🧠

$$\vec{MC} = \vec{OC} - \vec{OM} = \begin{pmatrix} 2 \\ 6 \\ 5 \end{pmatrix} - \begin{pmatrix} 3 \\ 5,5 \\ 1,5 \end{pmatrix} = \begin{pmatrix} -1 \\ 0,5 \\ 3,5 \end{pmatrix}$$

2

c) ⏲ 6 Minuten, 🧠.

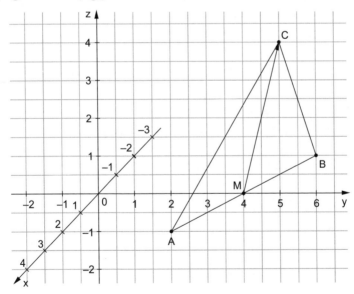

3

d) 🕐 7 Minuten, 🔍📖
Wenn das Dreieck rechtwinklig sein soll, dann muss der Satz des Pythagoras gelten: $|\overrightarrow{AC}|^2 = |\overrightarrow{AB}|^2 + |\overrightarrow{BC}|^2$

$$\overrightarrow{AB} = \begin{pmatrix} -2 \\ 3 \\ 1 \end{pmatrix} \Rightarrow |\overrightarrow{AB}| = \sqrt{(-2)^2 + 3^2 + 1^2} = \sqrt{14} \text{ [LE]}$$

$$\overrightarrow{AC} = \overrightarrow{OC} - \overrightarrow{OA} = \begin{pmatrix} 2 \\ 6 \\ 5 \end{pmatrix} - \begin{pmatrix} 4 \\ 4 \\ 1 \end{pmatrix} = \begin{pmatrix} -2 \\ 2 \\ 4 \end{pmatrix} \qquad 2$$

$$\overrightarrow{BC} = \overrightarrow{OC} - \overrightarrow{OB} = \begin{pmatrix} 2 \\ 6 \\ 5 \end{pmatrix} - \begin{pmatrix} 2 \\ 7 \\ 2 \end{pmatrix} = \begin{pmatrix} 0 \\ -1 \\ 3 \end{pmatrix} \qquad 2$$

$|\overrightarrow{AC}| = \sqrt{(-2)^2 + 2^2 + 4^2} = \sqrt{24}$ [LE]   2

$|\overrightarrow{BC}| = \sqrt{0^2 + (-1)^2 + 3^2} = \sqrt{10}$ [LE]   2

Einsetzen der Seitenlängen in den Satz des Pythagoras:
$24 = 14 + 10$ wahre Aussage
Das Dreieck ABC ist rechtwinklig.   3
Umfang:
$U = |\overrightarrow{AB}| + |\overrightarrow{BC}| + |\overrightarrow{AC}| = \sqrt{14} + \sqrt{10} + \sqrt{24} \approx 11{,}8$ [LE]   2

5 a) 🕐 5 Minuten, 🔍📖
Gesucht ist die Länge der Strecke $\overrightarrow{P_1P_2}$.

$$\overrightarrow{P_1P_2} = \overrightarrow{OP_2} - \overrightarrow{OP_1} = \begin{pmatrix} 9 \\ 2 \\ 4 \end{pmatrix} - \begin{pmatrix} 3 \\ 8 \\ 7 \end{pmatrix} = \begin{pmatrix} 6 \\ -6 \\ -3 \end{pmatrix} \qquad 2$$

$|\overrightarrow{P_1P_2}| = \sqrt{6^2 + (-6)^2 + (-3)^2} = \sqrt{81} = 9$ 2

Die Entfernung ist nach dem gegebenen Maßstab 900 km.   1

b) 🕐 2 Minuten, 🔍📖
Für die gleichförmige Bewegung gilt: 1

$$v = \frac{s}{t} = \frac{900 \text{ km}}{1{,}5 \text{ h}} = 600 \, \frac{\text{km}}{\text{h}} \qquad 2$$

Das Flugzeug fliegt mit einer Geschwindigkeit von $600 \, \frac{\text{km}}{\text{h}}$.

c) ⏱ 5 Minuten, 📖📚

$|\overrightarrow{P_1P_3}|$ und $|\overrightarrow{P_2P_3}|$ sind zu vergleichen:

$$\overrightarrow{P_1P_3} = \begin{pmatrix} -1 \\ -2 \\ -8 \end{pmatrix} - \begin{pmatrix} 3 \\ 8 \\ 7 \end{pmatrix} = \begin{pmatrix} -4 \\ -10 \\ -15 \end{pmatrix}$$
2

$|\overrightarrow{P_1P_3}| = \sqrt{(-4)^2 + (-10)^2 + (-15)^2} = \sqrt{341} \approx 18{,}47 \;\hat{=}\; 18{,}47$ km
2

$$\overrightarrow{P_2P_3} = \begin{pmatrix} -1 \\ -2 \\ -8 \end{pmatrix} - \begin{pmatrix} 9 \\ 2 \\ 4 \end{pmatrix} = \begin{pmatrix} -10 \\ -4 \\ -12 \end{pmatrix}$$
2

$|\overrightarrow{P_2P_3}| = \sqrt{(-10)^2 + (-4)^2 + (-12)^2} = \sqrt{260} \approx 16{,}12 \;\hat{=}\; 16{,}12$ km
2

Das Flugzeug nähert sich dem Standort von Lisa, da 16,12 < 18,47.
2

6 a) ⏱ 4 Minuten, 📖 / 📖📚

Aus den gegebenen Punkten und dem Beschriftungsumlaufsinn ergeben sich die Koordinaten der Eckpunkte C und D.

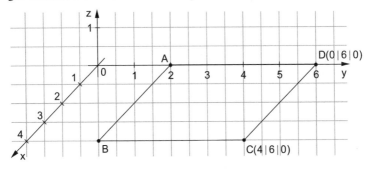

2

b) ⏱ 4 Minuten, 📖📚

Vom Ursprung ausgehend ergibt sich der Vektor $\overrightarrow{OM}$ z. B. über:

$$\overrightarrow{OM} = \overrightarrow{OA} + \frac{1}{2} \cdot \overrightarrow{AB} + \frac{1}{2} \cdot \overrightarrow{BC} = \begin{pmatrix} 0 \\ 2 \\ 0 \end{pmatrix} + \frac{1}{2} \cdot \left[\begin{pmatrix} 4 \\ 2 \\ 0 \end{pmatrix} - \begin{pmatrix} 0 \\ 2 \\ 0 \end{pmatrix} \right] + \frac{1}{2} \cdot \left[\begin{pmatrix} 4 \\ 6 \\ 0 \end{pmatrix} - \begin{pmatrix} 4 \\ 2 \\ 0 \end{pmatrix} \right]$$

$$= \begin{pmatrix} 0 \\ 2 \\ 0 \end{pmatrix} + \frac{1}{2} \cdot \begin{pmatrix} 4 \\ 0 \\ 0 \end{pmatrix} + \frac{1}{2} \cdot \begin{pmatrix} 0 \\ 4 \\ 0 \end{pmatrix} = \begin{pmatrix} 2 \\ 4 \\ 0 \end{pmatrix}$$
3

Der Punkt M hat die Koordinaten M(2|4|0).
1

c) 🕐 3 Minuten, 📖📚

$$\overrightarrow{OS} = \overrightarrow{OM} + \overrightarrow{MS} = \begin{pmatrix} 2 \\ 4 \\ 0 \end{pmatrix} + \begin{pmatrix} 0 \\ 0 \\ 6 \end{pmatrix} = \begin{pmatrix} 2 \\ 4 \\ 6 \end{pmatrix}$$

⇒ S(2|4|6)

d) 🕐 6 Minuten, 📖

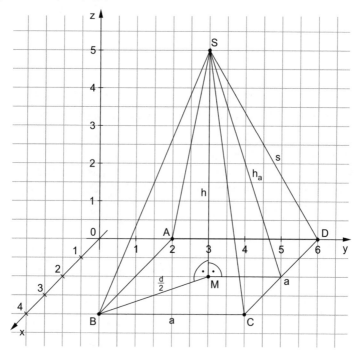

e) 🕐 11 Minuten, 📖📚 / 📖📚📖.
Die zur Berechnung notwendigen rechtwinkligen Dreiecke sind in Teilaufgabe d im Bild enthalten.

i) in der Grundfläche:

ii) mit h_a:

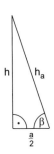

1

iii) mit $\frac{d}{2}$ und s:

1

iv) mit s und $\frac{a}{2}$:

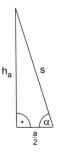

1

Nach iv) gilt: $\cos\alpha = \dfrac{\frac{a}{2}}{s}$

Um s zu berechnen, benötigt man noch die Teildreiecke aus i) und iii).
Es gilt nach i):

$a \triangleq |\overrightarrow{AB}| = \sqrt{4^2 + 0^2 + 0^2} = 4$ 2

$d = \sqrt{a^2 + a^2} = a\sqrt{2} = |\overrightarrow{AB}| \cdot \sqrt{2} = 4 \cdot \sqrt{2}$ 2

Weiterhin gilt nach iii):

$$\frac{d}{2} \triangleq |\overrightarrow{AM}| = \sqrt{2^2 + 2^2 + 0^2} = 2 \cdot \sqrt{2} \qquad 1$$

$$h \triangleq |\overrightarrow{MS}| = \sqrt{0^2 + 0^2 + 6^2} = 6 \qquad 1$$

$$s = \sqrt{\left(\frac{d}{2}\right)^2 + h^2} = \sqrt{(2 \cdot \sqrt{2})^2 + 6^2} = \sqrt{44} = 2 \cdot \sqrt{11} \qquad 1$$

Aus den Teilergebnissen folgt:

$$\cos \alpha = \frac{2}{2\sqrt{11}} = \frac{\sqrt{11}}{11} \quad \Rightarrow \quad \alpha \approx 72{,}45° \qquad 2$$

f) ⏱ 4 Minuten, 🧠🧠 / 🧠🧠🧠.
Aus dem Teildreieck ii) aus Teil e folgt:

$$\tan \beta = \frac{h}{\frac{a}{2}} = \frac{6}{2} = 3 \quad \Rightarrow \quad \beta \approx 71{,}57° \qquad 3$$

g) ⏱ 4 Minuten, 🧠🧠.

$$V = \frac{1}{3} \cdot G \cdot h = \frac{1}{3} \cdot a^2 \cdot h = \frac{1}{3} \cdot 4^2 \cdot 6 = 32 \, [\text{VE}] \qquad 3$$

Nach Teilaufgabe e ii) folgt:

$$h_a = \sqrt{h^2 + \left(\frac{a}{2}\right)^2} = \sqrt{6^2 + 2^2} \approx 6{,}3 \qquad 3$$

$$O = G + M = a^2 + 2ah_a = a \cdot (a + 2h_a) \approx 4 \cdot (4 + 2 \cdot 6{,}3) = 66{,}4 \, [\text{FE}] \qquad 3$$

Klassenarbeiten zum Themenbereich 6

- Mehrstufige Zufallsexperimente
- Bedingte Wahrscheinlichkeit
- Vierfeldertafel

Klassenarbeit 18

BE

1 Im Informatikunterricht soll ein Programm geschrieben werden, das eine zufällige, ganze Zahl zwischen 0 und 4 liefert. Rene und Dennis haben ihr Programm getestet und die folgenden Werte erhalten:

Zahl	0	1	2	3	4
absolute Häufigkeit	36	49	36	38	41

a) Bestimme die relativen Häufigkeiten der einzelnen Zahlen exakt. 3

b) Gib eine passende relative Häufigkeitsverteilung auf 2 Nachkommastellen genau an. Erläutere, wobei du darauf achten musst. 4

c) Begründe, ob es sich um einen „guten" Zufallsgenerator handelt und auf was sich das „gut" bezieht. 4

2 Tina und Anke sollen für das Schulfest ein Glücksrad basteln. Es soll bei jeder Drehung einen Hauptgewinn (G) und eine Niete (N) geben. Beide Ergebnisse sollen gleich wahrscheinlich auftreten. Zu 75 % sollen bei jeder Drehung Trostpreise (T) gewonnen werden.

a) Zeichne für das Glücksrad ein passendes Kreisdiagramm und erläutere deine Lösung. 5

b) Berechne die Wahrscheinlichkeit dafür, dass dreimal hintereinander der Hauptgewinn erzielt wird. 4

c) Berechne die Wahrscheinlichkeit dafür, dass dreimal hintereinander kein Hauptgewinn erzielt wird. Erläutere deine Rechnung und nutze nicht das Gegenereignis hierfür. 6

3 Bei einem einfachen Dartspiel gibt es nur zwei verschiedene Bereiche. Den Außenbereich, der 5 Punkte liefert, und den Innenbereich, der 25 Punkte bringt.

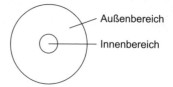

a) Der Außendurchmesser der gesamten Dartscheibe soll 40 cm betragen. Der Innenbereich für die 25 Punkte soll 10 % der Gesamtfläche ausmachen. Berechne den Durchmesser des Innenbereichs. 6

b) Alex hat mit viel Training eine Trefferquote von 20 % für den Innenbereich erzielen können. Zeichne für Alex für eine Wurfrunde mit 3 Pfeilen ein passendes Baumdiagramm und trage die zugehörigen Wahrscheinlichkeiten ein. 5

c) Bestimme die Wahrscheinlichkeit dafür, dass Alex bei einem Wurf mit 3 Pfeilen zweimal den Innenbereich trifft. 5

4 In einer kleinen Stadt treten zwei Parteien, die Partei A und die Partei B, zur Stadtratswahl an. Betrachte dazu folgende Tabelle:

	jünger als 40 Jahre	40 Jahre und älter
wählt A	20 %	35 %
wählt B	20 %	25 %

a) Die Summe der Zeilensummen und die Summe der Spaltensummen ist jeweils 100 %. Welche Aussage ergibt sich hieraus im Sachzusammenhang? 2

b) Ein Bewohner der Stadt wird zufällig ausgewählt.
- Gib die Wahrscheinlichkeit dafür an, dass diese Person jünger als 40 Jahre ist.
- Gib die Wahrscheinlichkeit dafür an, dass diese Person die Partei B wählt. 4

c) Von einer zufällig ausgewählten Person ist bekannt, dass sie 40 oder älter ist. Berechne unter dieser Voraussetzung die Wahrscheinlichkeit, dass diese Person B wählt. Erläutere deine Rechnung. 4

d) Berechne die Wahrscheinlichkeit dafür, dass ein bekennender A-Wähler jünger als 40 ist. 3

So lange habe ich gebraucht: _____ / 60 min

So viele BE habe ich erreicht: _____ / 55 BE

Note	1	2	3	4	5	6
BE	55 – 48	47 – 40	39 – 33	32 – 25	24 – 10	9 – 0

Hinweise und Tipps

1
- Bilde den Quotienten aus absoluter Häufigkeit und der Gesamtzahl der gemachten Tests. Wiederhole dies für jedes mögliche Ergebnis.
- Nutze die relativen Häufigkeiten und achte beim Runden auf die Summe aller Werte.
- Denke an Gleichwahrscheinlichkeit.

2
- Teile den Kreis in acht gleich große Teile.
- Es handelt sich um ein dreistufiges Zufallsexperiment.
- Denke dir ein passendes Baumdiagramm und nutze dann eine Pfadregel.
- Überlege dir zunächst, welche Pfade zu dem genannten Ereignis gehören. Addiere dann die jeweiligen Einzelwahrscheinlichkeiten.

3
- Berechne mithilfe des Außendurchmessers den Flächeninhalt der gesamten Dartscheibe.
- Mithilfe des gesuchten Anteils von 10 % kannst du nun den Innenradius bestimmen. Löse dazu die Gleichung $A = \pi \cdot r^2$ geeignet auf.
- Es handelt sich um ein dreistufiges Zufallsexperiment. Beachte, welche Ereignisse in jeder Stufe auftauchen können, und überlege dir die passenden Wahrscheinlichkeiten.
- Suche alle Pfade, bei denen zweimal der Innenbereich getroffen wird, und nutze dann die Pfadregeln.

4
- Berechne den Anteil der Bewohner (mit der gegebenen Eigenschaft) an der Gesamtbevölkerung der Stadt.
- Bedenke, wie sich die Grundgesamtheit durch die Vorabinformation verändert.

Lösung

1 a) 🕐 4 Minuten, 🌐

Die Gesamtanzahl der Versuche beträgt $36 + 49 + 36 + 38 + 41 = 200$.

relative Häufigkeit für 0: $\frac{36}{200} = 0{,}180$

relative Häufigkeit für 1: $\frac{49}{200} = 0{,}245$

relative Häufigkeit für 2: $\frac{36}{200} = 0{,}180$

relative Häufigkeit für 3: $\frac{38}{200} = 0{,}190$

relative Häufigkeit für 4: $\frac{41}{200} = 0{,}205$

b) 🕐 4 Minuten, 🌐🌐

Beim Runden der relativen Häufigkeiten muss beachtet werden, dass die Summe der Häufigkeiten genau 1 ergibt.

Zahl	0	1	2	3	4
relative Häufigkeit	0,18	0,25	0,18	0,19	0,20

„aufrunden" „abrunden"

c) 🕐 5 Minuten, 🌐🌐 / 🌐🌐🌐

Ein guter Zufallsgenerator sollte jeden Wert auf lange Sicht mit der gleichen Wahrscheinlichkeit generieren, also jede Zahl mit der Wahrscheinlichkeit 0,2. Die Häufigkeitsverteilung zeigt, dass die 1 verhältnismäßig öfter erzeugt wurde. Ob es sich nun aber dennoch um ein gutes Programm handelt, kann nicht gesagt werden, da eine Zufallsreihe von gerade einmal 200 Versuchen für die Aussage nicht ausreichend ist.

2 a) 🕐 5 Minuten, 🌐 / 🌐🌐

Man teilt den Kreis zunächst in 8 gleich große Teile, da die Wahrscheinlichkeit für den Hauptgewinn und für die Niete jeweils $\frac{1}{8}$ sein muss, weil für beide zusammen noch $25\,\% = \frac{1}{4}$ übrig sind.

Ein Achtel wird nun mit G (Gewinn) und ein Achtel mit N (Niete) beschriftet. Die restlichen $\frac{6}{8} = \frac{3}{4}$ sind für die Trostpreise (T) reserviert.

b) ⏱ 3 Minuten, 🎲🎲
Die Wahrscheinlichkeit kann mit der 1. Pfadregel bestimmt werden:
$$P(\text{„dreimal G"}) = \frac{1}{8} \cdot \frac{1}{8} \cdot \frac{1}{8} = \frac{1}{512} \approx 0{,}002 = 0{,}2\,\%$$
Die gesuchte Wahrscheinlichkeit beträgt etwa 0,2 %.

c) ⏱ 6 Minuten, 🎲🎲 / 🎲🎲🎲
Die folgenden Ergebnisse gehören zu dem genannten Gesamtereignis:
NNN; NNT; NTT; NTN; TTT; TTN; TNN; TNT

Die jeweiligen Wahrscheinlichkeiten müssen berechnet und dann addiert werden:
$$P(\text{„dreimal kein Hauptgewinn"}) = \frac{1}{8} \cdot \frac{1}{8} \cdot \frac{1}{8} + \frac{1}{8} \cdot \frac{1}{8} \cdot \frac{3}{4} + \frac{1}{8} \cdot \frac{3}{4} \cdot \frac{3}{4} + \frac{1}{8} \cdot \frac{3}{4} \cdot \frac{1}{8}$$
$$+ \frac{3}{4} \cdot \frac{3}{4} \cdot \frac{3}{4} + \frac{3}{4} \cdot \frac{3}{4} \cdot \frac{1}{8} + \frac{3}{4} \cdot \frac{1}{8} \cdot \frac{1}{8} + \frac{3}{4} \cdot \frac{1}{8} \cdot \frac{3}{4}$$
$$= \frac{343}{512} \approx 0{,}67 = 67\,\%$$
Die gesuchte Wahrscheinlichkeit beträgt etwa 67 %.

3 a) ⏱ 5 Minuten, 🎲🎲 / 🎲🎲🎲
Zuerst berechnet man den Gesamtflächeninhalt der Dartscheibe:
$$A = \pi \cdot r^2 \text{ mit } r = \frac{1}{2} \cdot 40\,\text{cm} = 20\,\text{cm}$$
Also: $A = \pi \cdot (20\,\text{cm})^2 \approx 1\,256{,}64\,\text{cm}^2$

Berechnung des gewünschten Anteils von 10 %:
$$\frac{1}{10} \cdot 1\,256{,}64\,\text{cm}^2 \approx 125{,}66\,\text{cm}^2$$

Nun kann der Innenradius berechnet werden:
$$125{,}66\,\text{cm}^2 = \pi \cdot (r_{innen})^2$$
$$\Rightarrow r_{innen} = \sqrt{\frac{125{,}66\,\text{cm}^2}{\pi}} \approx 6{,}32\,\text{cm}$$

Der Innenbereich hat einen Durchmesser von:
$d \approx 2 \cdot 6{,}32\,\text{cm} = 12{,}64\,\text{cm}$

b)  7 Minuten,

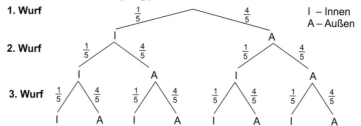

c) 5 Minuten,

$$P(AII) + P(IAI) + P(IIA) = \frac{4}{5} \cdot \frac{1}{5} \cdot \frac{1}{5} + \frac{1}{5} \cdot \frac{4}{5} \cdot \frac{1}{5} + \frac{1}{5} \cdot \frac{1}{5} \cdot \frac{4}{5}$$

$$= \frac{4}{125} + \frac{4}{125} + \frac{4}{125} = \frac{12}{125} = 0{,}096$$

Die gesuchte Wahrscheinlichkeit liegt bei 9,6 %.

4 a) 2 Minuten,
Jeder Bewohner beteiligt sich an der Wahl.

b) 4 Minuten,
Insgesamt sind 20 % + 20 % der Einwohner jünger als 40.

$$40\,\% = \frac{4}{10} = \frac{2}{5}$$

Insgesamt wählen 20 % + 25 % die Partei B.

$$45\,\% = \frac{45}{100} = \frac{9}{20}$$

c) 6 Minuten,
Insgesamt sind 35 % + 25 % = 60 % der Bevölkerung gleich 40 Jahre alt oder älter. Dies ist nun die neue Grundgesamtheit.
Damit ergibt sich als Anteil der B-Wähler:

$$\frac{25}{60} \approx 0{,}417 = 41{,}7\,\%$$

d) 4 Minuten,

$$\frac{20\,\%}{20\,\% + 35\,\%} = \frac{20\,\%}{55\,\%} \approx 0{,}36 = 36\,\%$$

Ist bekannt, dass die Person A wählt, dann ist sie mit einer Wahrscheinlichkeit von 36 % jünger als 40 Jahre.

Klassenarbeit 19

BE

1. In einer Urne befinden sich 3 gelbe und 2 blaue Kugeln. Es wird zweimal hintereinander aus der Urne gezogen. Zunächst soll die zuerst gezogene Kugel nicht zurückgelegt werden.

   a) Fertige für dieses zweistufige Zufallsexperiment ein passendes Baumdiagramm an und beschrifte es mit den zugehörigen Wahrscheinlichkeiten.   6

   b) Berechne die Wahrscheinlichkeit dafür, dass im 1. Zug eine blaue und im 2. Zug eine gelbe Kugel gezogen wird.   3

   c) Berechne die Wahrscheinlichkeit für das Ereignis „Beide gezogenen Kugeln haben die gleiche Farbe".   4

   d) Nun soll aus der Urne mit Zurücklegen gezogen werden. Bestimme die Anzahl der nötigen Ziehungen, damit das Ereignis „Nur blaue Kugeln werden gezogen" in unter 1 % der Fälle auftritt.   5

2. Ein Würfel wird zweimal hintereinander geworfen. Untersuche jeweils die Ereignisse A und B auf stochastische Abhängigkeit bzw. Unabhängigkeit. Begründe deine Antwort.

   a) Ereignis A: „Der 1. Wurf zeigt die Zahl 3."
   Ereignis B: „Der 2. Wurf zeigt die Zahl 6."   3

   b) Ereignis A: „Der 1. Wurf zeigt die Zahl 6."
   Ereignis B: „Die Augensumme beider Würfe ist echt größer als 10."   6

3. Rene und Anna führten für ihren Unterricht in der Fußgängerzone eine Umfrage durch. Sie haben insgesamt 200 Personen befragt. Die Umfrage ergab: 134 der befragten Personen trinken regelmäßig Alkohol. 76 Personen gaben an, Nichtraucher zu sein. Unter denjenigen, die keinen Alkohol trinken, gibt es 36 Raucher.
   Bei der Umfrage wurde nur zwischen regelmäßigem und keinem Alkoholkonsum und zwischen Raucher und Nichtraucher unterschieden.

   a) Fertige eine passende Vierfeldertafel an und beschreibe dein Vorgehen.   6

   b) Welcher Prozentsatz der Nichtraucher ist auch Nichttrinker?   4

   c) Mit welcher Wahrscheinlichkeit ist eine zufällig befragte Person Nichtraucher?   3

d) Mit welcher Wahrscheinlichkeit ist ein Nichttrinker ein Raucher? Begründe deine Antwort mit einer passenden Rechnung. 4

4 Das folgende Baumdiagramm zeigt die Anteile der Belegschaft einer Firma. In der 1. Stufe ist die Aufteilung zwischen den Eigenschaften männlich und weiblich zu sehen. Die 2. Stufe zeigt die jeweiligen Anteile der unter 50-Jährigen (< 50) und derjenigen, die älter als oder gleich 50 sind (≥ 50).

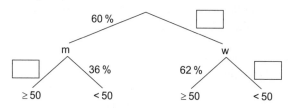

a) Ergänze im Baumdiagramm die fehlenden Wahrscheinlichkeiten. 3
b) Erstelle die passende Vierfeldertafel und beschreibe dein Vorgehen. 7
c) Erstelle einen neuen Baum, der im 1. Schritt zwischen dem Alter und erst im 2. Schritt zwischen dem Geschlecht unterscheidet, und bestimme die Wahrscheinlichkeiten. 8
d) Wähle einen vollständigen Pfad in deinem Baum aus Teilaufgabe c. Multipliziere nun die Werte entlang deines Pfades und erläutere den Sinn dieses Produktes im Sachzusammenhang. 5

So lange habe ich gebraucht: _____ / 60 min

So viele BE habe ich erreicht: _____ / 67 BE

Note	1	2	3	4	5	6
BE	67 – 59	58 – 49	48 – 40	39 – 31	30 – 12	11 – 0

Hinweise und Tipps

1
- Benutze die Häufigkeiten der verschiedenen Farben für die benötigten Wahrscheinlichkeiten. Beachte dabei, dass im 2. Zug eine Kugel weniger in der Urne ist.
- Nutze den erstellten Baum und die 1. Pfadregel.
- Suche alle Pfade, die zu dem genannten Ereignis gehören, und nutze geeignete Pfadregeln.
- Beachte die Änderung der Wahrscheinlichkeiten durch das Zurücklegen.
- Berechne die Wahrscheinlichkeiten für 1 Zug, 2 Züge, 3 Züge usw.

2
- Beeinflusst das Ergebnis des 1. Wurfs das Ergebnis des 2. Wurfs?
- Berechne die Wahrscheinlichkeiten für die Ereignisse aus Teilaufgabe b und vergleiche das Produkt dieser Wahrscheinlichkeiten mit der Wahrscheinlichkeit der Schnittmenge der Ereignisse A und B.

3
- Unterscheide in der Vierfeldertafel zwischen den beiden Ausprägungen der zwei befragten Merkmale. Suche aus den Angaben im Text die 4 gegebenen Werte.
- Bilde den gesuchten Anteil.
- Beachte die benötigte Grundgesamtheit.

4
- Die Summe der Wahrscheinlichkeiten einer Verzweigung ist 1.
- Für die Vierfeldertafel müssen die Wahrscheinlichkeiten der Schnittmengen $m \cap \geq 50$, $m \cap < 50$ usw. berechnet werden.
- Beachte beim Erstellen des Baumdiagramms für die Werte im 2. Schritt, dass sich die Eintragungen in der Vierfeldertafel auf die gesamte Belegschaft beziehen. Bilde die neuen Anteile und benutze dabei als Grundmenge die Teilmenge des jeweils 1. Schritts.
- Denke an die 1. Pfadregel und beschreibe, welches Ereignis durch deinen Pfad beschrieben wird.

Lösung

BE

1 a) 🕐 7 Minuten, 🖊 / 🖊🔍
Wahrscheinlichkeiten für den 1. Zug:

$$P(\text{gelb}) = \frac{3}{5}$$ 1

$$P(\text{blau}) = \frac{2}{5}$$ 1

Bei den Wahrscheinlichkeiten für den 2. Zug ist zu beachten, dass bereits eine Kugel aus der Urne fehlt.

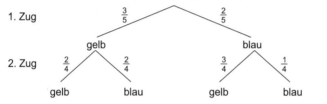

4

b) 🕐 3 Minuten, 🖊
Mit der 1. Pfadregel folgt:

$$P(\text{blau, gelb}) = \frac{2}{5} \cdot \frac{3}{4} = \frac{6}{20} = \frac{3}{10} = 0{,}3$$ 3

c) 🕐 4 Minuten, 🖊🔍
Zu diesem Ereignis gehören die möglichen Ergebnisse: gelb, gelb und blau, blau 1

Mit der 1. und der 2. Pfadregel folgt:
P(beide Kugeln haben die gleiche Farbe) = P(gelb, gelb) + P(blau, blau) 1

$$= \frac{3}{5} \cdot \frac{2}{4} + \frac{2}{5} \cdot \frac{1}{4}$$

$$= \frac{3}{10} + \frac{1}{10} = \frac{4}{10} = 0{,}4$$ 2

d) 🕐 5 Minuten, 🖊🔍🖊
Die Anzahl der Ziehungen ist gesucht und nicht fest vorgegeben.
Da mit Zurücklegen gezogen wird, ist die Wahrscheinlichkeit für eine blaue Kugel in jedem Zug $\frac{2}{5} = 0{,}4$. 1

n sei die Anzahl der Ziehungen. Dann folgt mit der 1. Pfadregel der Ansatz:

$(0,4)^n < 0,01$

Mithilfe des Taschenrechners findet man heraus:

$0,4^5 = 0,01024$

$0,4^6 \approx 0,004$

Also sind 6 Ziehungen nötig.

2 a) 🕒 3 Minuten, 🎲 / 🎲🎲

Da die Würfe unabhängig voneinander sind, haben die beiden Ereignisse keinen Einfluss aufeinander. Sie sind also unabhängig.

b) 🕒 5 Minuten, 🎲🎲

$P(A) = \dfrac{1}{6}$

$P(B) = P(5, 6) + P(6, 5) + P(6, 6)$

$= \dfrac{1}{6} \cdot \dfrac{1}{6} + \dfrac{1}{6} \cdot \dfrac{1}{6} + \dfrac{1}{6} \cdot \dfrac{1}{6} = \dfrac{1}{36} + \dfrac{1}{36} + \dfrac{1}{36} = \dfrac{3}{36} = \dfrac{1}{12}$

$P(A \cap B) = P(6, 5) + P(6, 6)$

$= \dfrac{1}{36} + \dfrac{1}{36} = \dfrac{2}{36} = \dfrac{1}{18}$

Also gilt: $P(A) \cdot P(B) = \dfrac{1}{6} \cdot \dfrac{1}{12} = \dfrac{1}{72} \neq \dfrac{1}{18} = P(A \cap B)$

Die Ereignisse sind stochastisch abhängig.

3 a) 🕒 6 Minuten, 🎲 / 🎲🎲

	trinken	trinken nicht	Summe
Raucher	88	**36**	124
Nichtraucher	46	30	**76**
Summe	**134**	66	**200**

Zunächst trägt man die 4 im Text genannten Werte (fett gedruckt) an die passenden Stellen der Vierfeldertafel ein. Dann werden die fehlenden Werte über die Zeilen- und Spaltensummen berechnet.

b) 🕐 2 Minuten, 🌐.
$$\frac{\text{Anzahl Nichtraucher und Nichttrinker}}{\text{Anzahl Nichtraucher}} = \frac{30}{76} \approx 0{,}4$$
40 % der Nichtraucher sind auch Nichttrinker.

c) 🕐 3 Minuten, 🌐.
Anteil der Nichtraucher an der Gesamtmenge:
$$\frac{76}{200} = \frac{38}{100} = 0{,}38$$
Mit einer Wahrscheinlichkeit von 38 % ist eine zufällig befragte Person Nichtraucher.

d) 🕐 4 Minuten, 🌐🌐 / 🌐🌐🌐.
Die Grundgesamtheit der Nichttrinker beträgt 66.
Von diesen sind 36 Personen Raucher.
$$\frac{36}{66} \approx 0{,}55$$
Zu 55 % ist ein Nichttrinker auch ein Nichtraucher.

4 a) 🕐 3 Minuten, 🌐 / 🌐🌐.

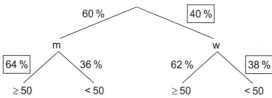

b) 🕐 6 Minuten, 🌐🌐.

	m	w	
≥ 50	38 %	25 %	63 %
< 50	22 %	15 %	37 %
	60 %	40 %	100 %

Erläuterung:
Eintrag bei m, ≥ 50: 64 % von 60 % ≈ 38 %
Eintrag bei m, < 50: 36 % von 60 % ≈ 22 %
Eintrag bei w, ≥ 50: 62 % von 40 % ≈ 25 %
Eintrag bei w, < 50: 38 % von 40 % ≈ 15 %

c) 🕒 6 Minuten, 🌐🌐 / 🌐🌐🌐.

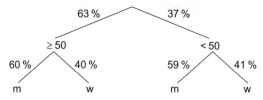

Die Werte im 2. Schritt ergeben sich dabei wie folgt:

$$60\ \% \approx \frac{38}{63} \cdot 100$$

$$40\ \% \approx \frac{25}{63} \cdot 100$$

$$59\ \% \approx \frac{22}{37} \cdot 100$$

$$41\ \% \approx \frac{15}{37} \cdot 100$$

d) 🕒 3 Minuten, 🌐🌐 🌐.
Beispiel für gewählten Pfad: 1. Schritt „≥ 50"
                              2. Schritt „weiblich"
Produkt:

$$63\ \% \cdot 40\ \% = \frac{63}{100} \cdot \frac{40}{100} = 0{,}252 = 25{,}2\ \%$$

Dies ist der Anteil aller Personen, die weiblich und ≥ 50 sind, bzw. die Wahrscheinlichkeit, dass eine zufällig ausgewählte Person ≥ 50 und weiblich ist.

Ihre Meinung ist uns wichtig!

Ihre Anregungen sind uns immer willkommen. Bitte informieren Sie uns mit diesem Schein über Ihre Verbesserungsvorschläge!

Titel-Nr.	Seite	Vorschlag

Bitte hier abtrennen

Lernen • Wissen • Zukunft
STARK

24-V_TRAbi

Bitte ausfüllen und im frankierten Umschlag an uns einsenden. Für Fensterkuverts geeignet.

Zutreffendes bitte ankreuzen!

Die Absenderin/der Absender ist:

- ☐ Lehrer/in in den Klassenstufen:
- ☐ Fachbetreuer/in
  Fächer:
- ☐ Seminarlehrer/in
  Fächer:
- ☐ Regierungsfachberater/in
  Fächer:
- ☐ Oberstufenbetreuer/in

- ☐ Schulleiter/in
- ☐ Referendar/in, Termin 2. Staatsexamen:
- ☐ Leiter/in Lehrerbibliothek
- ☐ Leiter/in Schülerbibliothek
- ☐ Sekretariat
- ☐ Eltern
- ☐ Schüler/in, Klasse:
- ☐ Sonstiges:

Unterrichtsfächer: (Bei Lehrkräften)

STARK Verlag
Postfach 1852
85318 Freising

Kennen Sie Ihre Kundennummer?
Bitte hier eintragen.

Absender (Bitte in Druckbuchstaben!)

Name/Vorname

Straße/Nr.

PLZ/Ort/Ortsteil

Telefon privat   Geburtsjahr

E-Mail

Schule/Schulstempel (Bitte immer angeben!)

Bitte hier abtrennen ✂

Erfolgreich durchs Abitur mit den STARK-Reihen

Abitur-Prüfungsaufgaben

Anhand von Original-Aufgaben die Prüfungssituation trainieren. Schülergerechte Lösungen helfen bei der Leistungskontrolle.

Abitur-Training

Prüfungsrelevantes Wissen schülergerecht präsentiert. Übungsaufgaben mit Lösungen sichern den Lernerfolg.

Klausuren

Durch gezieltes Klausurentraining die Grundlagen schaffen für eine gute Abinote.

Kompakt-Wissen

Kompakte Darstellung des prüfungsrelevanten Wissens zum schnellen Nachschlagen und Wiederholen.

Interpretationen

Perfekte Hilfe beim Verständnis literarischer Werke.

(Bitte blättern Sie um)

Abi in der Tasche – und dann?

In den **STARK**-Ratgebern finden Schülerinnen und Schüler alle Informationen für einen erfolgreichen Start in die berufliche Zukunft.

Alle Titel zu Beruf & Karriere
www.berufundkarriere.de

Bestellungen bitte direkt an:
STARK Verlagsgesellschaft mbH & Co. KG · Postfach 1852 · 85318 Freising
Tel. 0180 3 179000* · Fax 0180 3 179001* · www.stark-verlag.de · info@stark-verlag.de
*9 Cent pro Min. aus dem deutschen Festnetz, Mobilfunk bis 42 Cent pro Min.
Aus dem Mobilfunknetz wählen Sie die Festnetznummer: 08167 9573-0

Lernen ▪ Wissen ▪ Zukunft
STARK